# DA CONEXÃO AUSENTE

Introdução ao Campo Epistemológico e Curricular do
Drama e do Teatro na Educação

DELFIM PAULO RIBEIRO

EDIÇÕES DO CARACOL

ISBN:
ISBN-978-989-20-9301-7
EDIÇÕES DO CARACOL

# Conteúdo

# ABERTURA

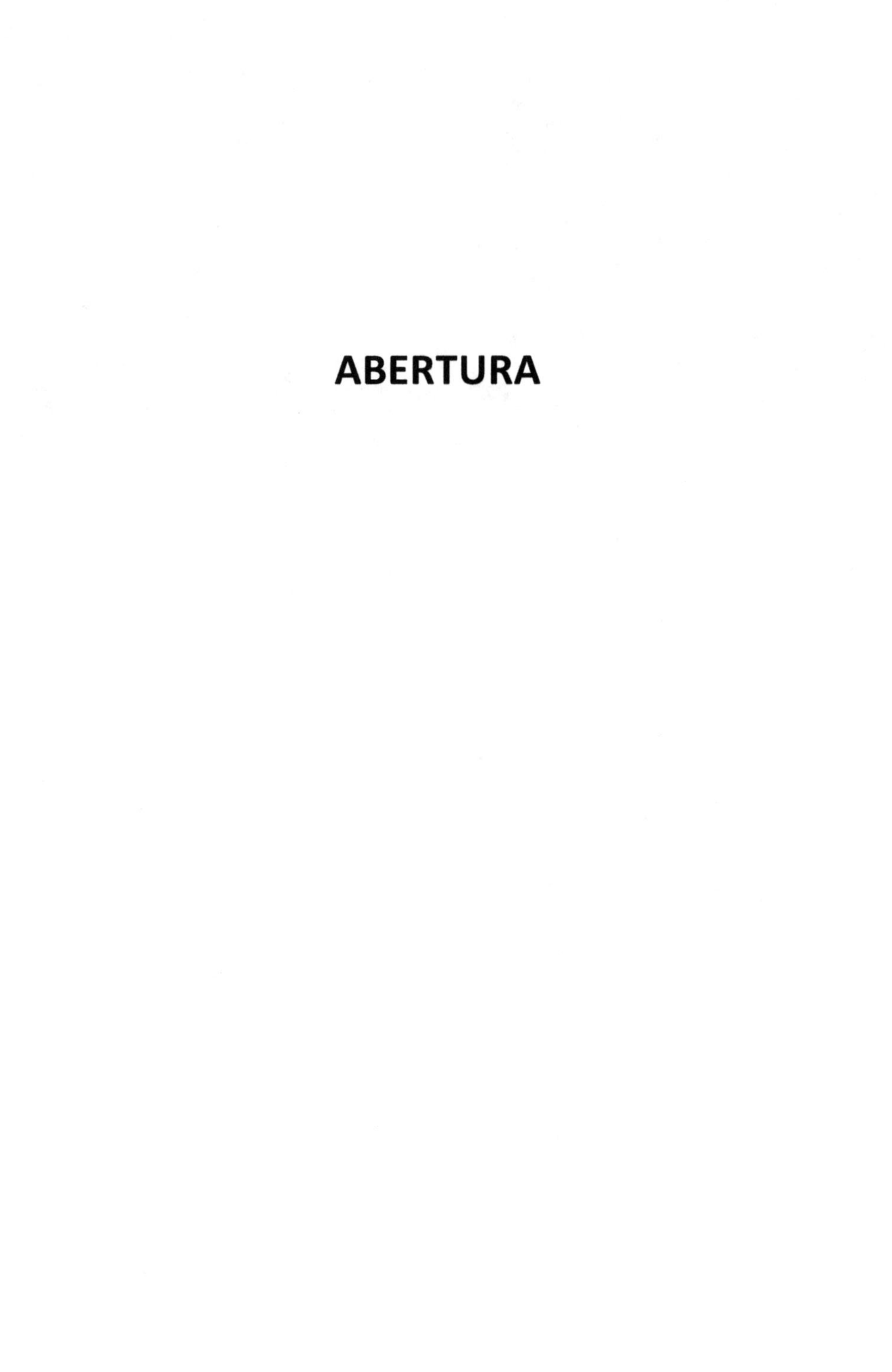

# ABERTURA

A literatura especializada tem vindo a adotar diversos termos para designar a área do drama e do teatro na educação. Por vezes, as múltiplas nomenclaturas revelam conotações diferenciadas. Enquanto alguns autores utilizam o termo drama na educação como sinónimo de drama processual, outros usam-no para designar, de forma abrangente, a totalidade de modelos pedagógico-teatrais. Por seu lado, o termo arte dramática na educação apresenta-se mais conotado com as vertentes pedagógicas que se direcionam para a literacia artística e para a aprendizagem técnica. Neste livro adotamos o termo drama na educação, visto que, segundo o nosso ponto de vista, é o que atualmente revela maior abrangência para designar a totalidade da área onde nos movemos.

O drama na educação (normalmente designado em Portugal, por influência francófona, como expressão dramática/teatro) surge nas orientações curriculares do primeiro ciclo do ensino básico como uma área curricular autónoma, apresentando conteúdos programáticos próprios. Nos restantes ciclos de escolaridade, a disciplina aparece nos documentos oficiais essencialmente como atividade de enriquecimento curricular, a ser implementada nos estabelecimentos escolares através de "clubes e grupos de teatro". No terceiro ciclo, desde que disponibilizado pela escola, o teatro pode surgir no plano de estudos como disciplina opcional, intitulada, neste caso, "Oficina de Teatro". O sistema educativo português contempla ainda os estudos teatrais no âmbito do ensino artístico especializado, oferecido em algumas das escolas secundárias e profissionais que possuem a vertente de artes do espetáculo.

No que toca especificamente ao primeiro ciclo do ensino básico é suposto que a expressão dramática (visto fazer parte do currículo prescrito e apresentar um conjunto de competências essenciais) seja implementada na sala de aula, de forma sistematizada e continua, pelo professor generalista. Porém, a organização das escolas em agrupamentos e a reestruturação curricular fez com que as disciplinas relacionadas com a educação artística (nomeadamente a música e as artes plásticas) passassem a funcionar primordialmente no âmbito das atividades de enriquecimento curricular, lecionadas por professores especialistas em regime de itinerância. Nos restantes ciclos do ensino básico e no ensino secundário, os denominados clubes de teatro são frequentemente orientados, de forma voluntária, por professores das áreas das ciências sociais e humanas que revelam particular interesse pela arte teatral. Por seu lado, no ensino vocacional é normal que os docentes das disciplinas ligadas à arte dramática possuam formação especializada nas artes do espetáculo, ainda que, muitos deles, não apresentem qualquer valência pedagógica ou didática no seu currículo. Para além dos contextos educativos acima mencionados, não podemos deixar de referir que algumas metodologias derivadas do drama e do teatro têm vindo a ser implementadas por profissionais ligados à intervenção social e à saúde, que se envolvem em projetos de intervenção comunitária ou trabalham no âmbito das psicoterapias, designadamente, e só para dar dois exemplos, utilizando técnicas relacionadas com o teatro fórum e o psicodrama.

A resenha que acabámos de realizar permite-nos vislumbrar a grande amplitude de possibilidades na aplicabilidade do drama e do teatro, sendo por isso compreensível que exista alguma disparidade nas teorizações que procuram justificar a sua função educativa. Se, por um lado, levando em linha de conta a riqueza da arte, os processos de diferenciação têm de ser entendidos como naturais e a especialização necessária, por outro, podem conduzir a cisões que diminuem a abrangência e a riqueza das intervenções pedagógicas.

Quem se dedica ao estudo do drama e do teatro nas suas múltiplas variantes sabe que, mesmo no que toca especificamente ao âmbito da educação, muitas das teorias têm sido erigidas com base em dialéticas de oposição. Em alguns casos, num dos extremos da contenda, encontram-se os que defendem que o drama na educação tem como principal finalidade o ensino das técnicas e dos saberes artísticos, devendo ser implementado nas escolas para promover a literacia artística, nomeadamente através da produção e observação de espetáculos. No extremo oposto posicionam-se os indivíduos que sustentam que o drama deve ser introduzido nas escolas tendo especialmente em conta as suas potencialidades psicopedagógicas, com base no argumento de que o jogo dramático é um excelente indutor do desenvolvimento social e psicológico das crianças. Podemos ainda descortinar, em outros quadrantes, quem defenda a ideia de que o drama (expressão dramática/teatro) deve ser utilizado na educação essencialmente como uma ferramenta didática para ensinar outras áreas do currículo, por exemplo a língua materna e a história.

Temos de admitir que, neste tipo de disputa, muitos dos posicionamentos mais radicais têm sido alimentados pelos autores que se colocam exclusivamente num dos polos anteriormente referidos; autores esses que geralmente não refletem sobre a diversidade teórica e metodológica que atualmente existe no campo epistemológico do drama na educação. Este tipo de radicalismo, fomentado pela incompreensão da real abrangência pedagógica da disciplina, chega mesmo a induzir alguns indivíduos a subscrever a ideia de que o drama infantil é, por sua natureza, livre e espontâneo, não necessitando, por isso, de qualquer esforço de sistematização curricular. No entanto, defender-se que todo o drama é uma espécie de brincar dramático espontâneo subentende que o simples envolvimento das crianças na atividade dramática é condição suficiente para se poder considerar que o drama e o teatro estão a ser corretamente implementados nas escolas; seja este argumento sustentado no valor educativo do jogo dramático desestruturado ou na produção sazonal e esporádica de espetáculos marcadamente cabotinos.

A ignorância generalizada das matrizes teórico-práticas do drama na educação, combinada com o preconceito e a intolerância, tem ajudado a criar uma espécie de *aura de mistério* sobre as reais potencialidades educativas da arte dramática, dificultando o diálogo entre artistas, professores e a comunidade educativa em geral. Acresce a esta lacuna a ideia, admitida por alguns, de que a vertente pedagógica do drama admite um único posicionamento teórico. Ou seja, certos indivíduos tendem a encarar o drama na educação como uma disciplina unívoca e estática, não evidenciando, no seu âmago, tal como as outras áreas do saber, as dialéticas epistemológicas que o têm feito progredir e alargar.

De uma forma geral, a literatura especializada destaca como principais autores de referência no drama na educação: Peter Slade, Brian Way, Richard Courtney, Dorothy Heathcote e David Hornbrook. Estes autores são considerados os criadores dos quadros conceptuais que atualmente permitem encetar uma abordagem fundamentada às diversas potencialidades educativas do drama. Cada um deles é reconhecido como um pioneiro, exemplificando uma perspetiva que é única e determinante na área.

A obra que temos aqui em mãos, para além de apresentar o enquadramento teórico do drama na educação, procura conectar, de forma reflexiva e criativa, os diferentes modelos que existem na área. Desde o final dos anos noventa que a integração de modelos tem vindo a ser esboçada por autores como Kitson e Spiby, Fleming e Walkinshaw, que defendem que o relacionamento entre as múltiplas teorias é fundamental; visto tornar o drama na educação mais rico e adaptável à heterogeneidade dos contextos educativos[1].

Vejamos então como este livro está estruturado. Iniciamos este livro pela apresentação dos conceitos básicos que delimitam o seu campo de estudo, nomeadamente pela introdução ao brincar dramático e ao teatro na educação. Seguidamente, de modo a posicionarmos os diversos conceitos nos contextos culturais que instigaram a sua origem, elaboramos uma breve resenha histórica da disciplina. Na sequência deste enquadramento inicial passamos a sistematizar as perspetivas curriculares dos autores de referência anteriormente apontados. A primeira parte do livro termina com a abordagem às convenções dramáticas, assunto que consideramos igualmente central na atual conceção da disciplina, visto conter simultaneamente a riqueza dos processos artísticos e a sistematização das abordagens didáticas.

A segunda parte do livro, de cariz mais ensaísta e experimental, aborda a integração de perspetivas e modelos. Neste âmbito, através de metáforas e imagens, procuramos desconstruir a informação previamente sistematizada, assumindo a aproximação à complexidade como possibilidade de trabalho. É aqui que propomos uma visão mais criativa e desafiante sobre o desenvolvimento curricular. Sobretudo, na segunda parte do livro, de modo a implicar ficcionalmente o leitor nos dilemas subjacentes à articulação de modelos, assumimos o texto performativo como abordagem metodológica.

O leitor deve compreender que os caminhos traçados neste trabalho não ensejam alcançar conclusões unívocas, mas sim instigar os entendimentos que cada um de nós será capaz de realizar com base na sua própria experiência educativa e artística. Acreditamos que estes escritos dificilmente poderão viver sozinhos, remetidos para uma prateleira como obra de consulta que se utiliza sem nada nos pedir em troca. A verdadeira fruição da experiência pedagógica exige, tal como a arte dramática, capacidade empática e predisposição para a ação. O trabalho que temos pela frente coloca-nos necessariamente no caminho do inexistente, desafiando-nos a subscrever a ideia de que as conexões ausentes só podem eventualmente ser ultrapassadas se assumirmos, desde logo e como ponto de partida, os riscos e as incertezas inerentes aos processos de criação e fruição dramática.

# PARTE 1

## MODELOS, PROCESSOS E CONVENÇÕES

# Cap. 1 A multiplicidade do drama

Muitos estudiosos das áreas da sociologia, da psicologia e da educação têm vindo a evidenciar que o brincar simbólico e a representação de papéis estão intimamente relacionados com a aprendizagem e o desenvolvimento. É por isso natural que o valor educativo da dramatização seja formalmente reconhecido em diversos contextos educativos e esteja incorporado nos currículos prescritos de alguns países.

Em Portugal, a disciplina que aborda o drama e o teatro na educação é designada, por influência francófona, por Expressão Dramática e, mais recentemente, por Expressão Dramática/Teatro. De uma forma geral, esta disciplina abrange o uso do jogo dramático e a introdução às linguagens e técnicas teatrais. No ensino básico, a Expressão Dramática/Teatro é apresentada como uma disciplina autónoma, inserida (tal como a Expressão e Educação Musical e a Expressão Plástica/Educação Visual) na área da Educação Artística. A Dança, que até à reorganização curricular de 2001 surgia nos documentos oficiais como uma componente da Educação Física (Expressão Físico-Motora), apresenta-se atualmente também incorporada como disciplina autónoma na Área da Educação Artística.

A consagração da educação artística como área curricular do ensino básico evidencia, pelo menos teoricamente, que a sociedade ocidental assume que as artes são importantes na promoção do desenvolvimento e da literacia dos cidadãos. A importância social das artes tem sido igualmente evidenciada por estudos em diversas áreas do conhecimento. Nos documentários que podemos observar na televisão é usual vermos descrita a importância das artes nas diferentes comunidades humanas. Nestes documentários, as cerimónias ritualísticas, que incluem a dramatização e o uso de máscaras, permitem fomentar a coesão da comunidade, afirmar os seus valores e até promover processos de cura e transformação. Os estudos históricos são também reveladores da importância sociocultural das artes. Sabe-se, por exemplo, que na Grécia Antiga o teatro era considerado uma atividade religiosa primordial, e que, posteriormente, na Idade Média, era praticado nas igrejas, focando temáticas religiosas que evocavam a vida de Jesus e os seus ensinamentos[2].

A ubiquidade das manifestações artísticas pode dificultar a consciencialização da verdadeira interferência do drama nas nossas vidas. Ainda que possamos não ir frequentemente ao teatro, não deixamos de ser influenciados pelas inúmeras mensagens veiculadas pela televisão e pelo cinema. Histórias dramatizadas de todo o tipo permeiam a nossa vida. Para além de nos permitirem analisar criticamente a nossa cultura, as ficções dramatizadas oferecem-nos muitas das metáforas que dão sentido à nossa existência. Paul Willis afirma que:

> O drama tornou-se numa das principais formas de comunicação (...) oferecendo alguns dos modelos através dos quais os indivíduos formam a sua identidade e aspirações, ajudando a estruturar os padrões do comportamento em comunidade, assim como os valores e os ideais sociais[3].

No âmbito de uma visão mais ligada aos processos mentais, Robert Landy chega mesmo a admitir que algumas dinâmicas do pensamento são inerentemente dramáticas[4]. Por exemplo, os adultos, antes de se confrontarem com uma nova situação, tendem a pré-visualizá-la no pensamento. Muitas vezes, após a sua ocorrência, refazem mentalmente os acontecimentos de forma hipotética: – "e se eu não tivesse dito isto? E se eu tivesse tido outro tipo de comportamento?". Segundo Landy, estas reflexões podem ser entendidas como uma espécie de drama interno que ajuda as pessoas a elaborarem novas perspetivas sobre a realidade.

De forma diferente do *pensamento dramático*, a arte teatral, como manifestação externa do drama, orienta-se para o refinamento artístico da criação dramática, sendo usualmente apresentada num palco: espaço convencionado para promover a suspensão do descrédito. Tradicionalmente, no teatro ocidental, as apresentações dramáticas iniciam-se com o levantar da cortina e acabam com o seu fechar. Qualquer que seja a convenção usada para marcar o início e o final da peça, os membros da audiência sabem que somente quando os atores falam ou se movimentam num determinado espaço é que se despoleta a ligação com o imaginário. A arte dramática implica necessariamente a existência de um acordo (implícito ou explícito) sobre as fronteiras físicas e temporais que enquadram o mundo imaginário[5].

De modo a sistematizamos o que abordámos até ao momento, podemos afirmar que o drama ocorre em qualquer idade ou cultura e que abrange um largo espectro de atividades e funções:

- como ritual (é social e cerimonial);
- como brincar (é espontâneo e natural);
- como pensamento (diz respeito ao pré-visionamento, ensaio e revivescimento das experiências, tocando a fantasia, o desejo e o sonho);

- como arte (expressa um elaborado e complexo domínio técnico-cultural ao serviço da criatividade e cultura humana).

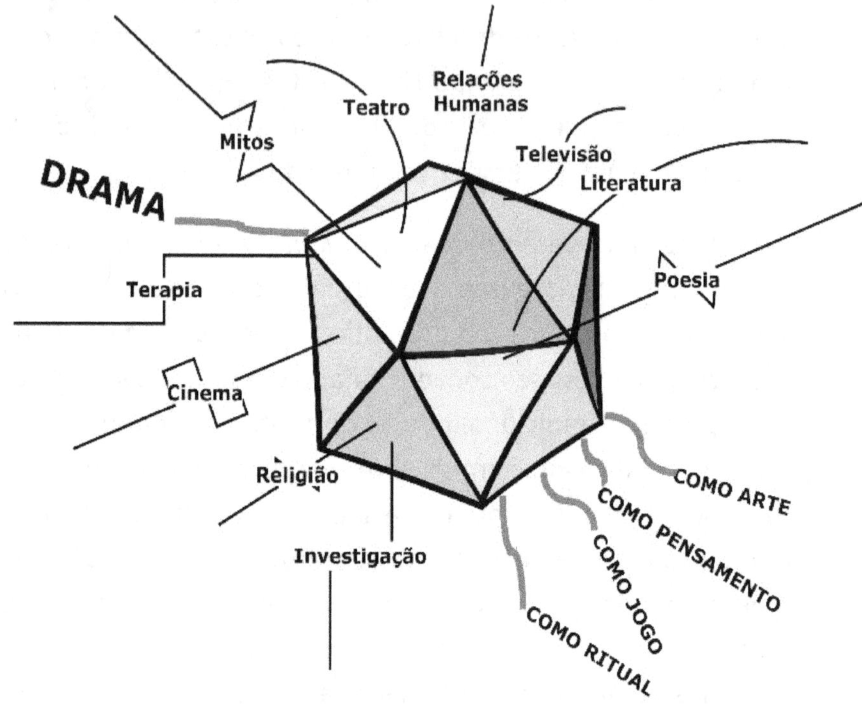


Figura 1 - Espectrograma do drama [6].

O que nos permite considerar como drama toda esta pluralidade de atividades (ritual, brincar, pensamento e arte) é a existência do desenrolar de histórias. Ou seja, como Martin Esslin afirma, drama " é a narrativa tornada visível, uma imagem com o poder de se mover no tempo"[7]. Em vez de simplesmente descrever, o drama demonstra e atua. Literalmente, drama significa ação, isto é, implica o desenrolar uma ação ficcionada no espaço e no tempo.

Embora as noções acima apresentadas possam ser entendidas como uma aproximação à noção genérica de drama, temos de admitir que a linguagem não é uma ferramenta precisa e que os conceitos mais complexos não se coadunam com delimitações rígidas. Concordamos com Hornbrook quando afirma que os limites de qualquer assunto tendem a revelar-se "saudavelmente fluidos" [8]. O ponto exato em que uma dança se torna drama ou de que forma podemos considerar determinadas celebrações e festas como drama continuará, sem dúvida, a ser matéria de debate. A complexidade e fluidez dos conceitos inerentes à definição genérica de drama verifica-se também no que toca especificamente ao drama na educação. Brincar dramático, drama criativo, teatro infantil e expressão dramática são designações por vezes usadas de forma indiscriminada na literatura especializada. De modo procurar esclarecer este assunto e introduzir o leitor ao vasto leque de possibilidades do drama em contexto educativo passamos a abordar, nas próximas páginas, o brincar dramático, o drama na educação e o teatro na educação.

## 1.1 Brincar Dramático

Tal como tivemos oportunidade de referir em relação ao conceito de drama, é igualmente difícil demarcar com precisão onde começa e acaba o brincar. Podemos encontrar exemplos do brincar em todos os países e períodos históricos. Embora o brincar não admita uma definição universalmente aceite, é consensual admitir-se que desempenha uma importante função no desenvolvimento e na aprendizagem.

Ontogeneticamente, segundo os estudos epistemológicos de jean Piaget, o brincar desenvolve-se de um pendor mais sensório-motor, presente nos primeiros meses de vida, para o brincar simbólico e para o jogo de regras[9]. Por seu lado, Sigmund Freud admitiu que o brincar das crianças deve ser entendido como uma manifestação básica e precoce da sublimação, desenvolvendo-se posteriormente no humor, no desporto e na arte[10]. Não será desmesurado considerarmos que muitas das teorias da psicologia genética e da psicanálise perspetivam o brincar como o real impulsionador de todo o desenvolvimento, considerando-o o principal instigador do pensamento simbólico e, consequentemente, da capacidade de elaborar e compreender linguagem e cultura.

O brincar dramático, simbólico por natureza, é entendido por muitos autores como a expressão mais precoce da arte dramática, não devendo, no entanto, ser confundido com o drama na educação ou interpretado como atuação teatral. O brincar dramático, que pode durar somente alguns minutos ou preencher períodos mais longos, decorre em momentos específicos delimitados por um início e um final percetível. Quando o interesse é suficientemente forte, o brincar pode ser repetido. Porém, a repetição ocorre sempre pelo puro prazer da brincadeira. O brincar dramático é necessariamente uma atividade voluntária, sendo as suas principais características a alegria e a liberdade de atuação[11]. No brincar dramático a criança explora o mundo imaginário que ela própria cria. Experimenta ações e consequências. Imita os adultos. Cria personagens e liberta os seus desejos e impulsos. Quando encorajado pela disponibilização dos locais e equipamentos apropriados, o brincar dramático revela-se uma manifestação natural e saudável do desenvolvimento.

Para Nellie McCaslin, embora os termos jogo e desporto apareçam muitas vezes associados ao brincar, não devem ser entendidos como sinónimos[12]. Enquanto o desporto, tal como o teatro, é essencialmente desenvolvido para uma audiência e realizado num local padronizado, os jogos e o brincar existem, acima de tudo, para deleite dos participantes e podem ser realizados onde quer que os jogadores se encontrem. Porém, em relação ao brincar dramático, o jogo dramático tende a revelar uma organização mais estável e prescrita. O jogo dramático implica a existência de algumas regras predefinidas – ainda que flexíveis – sendo muitas vezes orientado para determinados objetivos educativos[13]. Podemos facilmente aperceber-nos destas características ao analisarmos os livros com compilações de atividades dramáticas onde os jogos são normalmente classificados pela sua intencionalidade educativa e adequação a determinada faixa etária[14].

Alguns autores elaboraram várias analogias entre o drama e o jogo. Brian Watkins perspetivou o drama à luz das teorias de Johan Huizinga e Roger Caillois, descrevendo o jogo dramático como uma atividade lúdica através da qual os participantes "desempenham papéis de forma semelhante ao comportamento social"[15]. Para o autor, o drama, tal como o jogo, evidencia a aceitação espontânea das regras por parte dos participantes. Porém, de forma diferente dos jogos de sorte ou azar e das atividades mais físicas, o jogo dramático implica a exploração lúdica de problemáticas humanas significativas. Para Brian Watkins:

> Somos levados a refletir sobre os valores sociais quando estes nos são apresentados de forma analógica no jogo dramático, isto é, como uma série de modelos de encontro que envolvem o comportamento humano em situação de conflito [16].

O reconhecimento das similaridades e das diferenças entre o jogo e o drama é importante para podermos entender como estas atividades se podem inter-relacionar a nível didático. É igualmente importante percebermos que os jogos não devem dominar a totalidade dos programas de drama na educação. Isto porque, normalmente, os jogos operam com base em regras e convenções exteriores, não solicitando a dimensão interna dos sujeitos da mesma forma e intensidade como a que é requerida pelo drama. Os jogos dramáticos revelam-se muitas vezes mais fáceis de manejar do que o drama propriamente dito, visto serem orientados segundo regras e objetivos bem definidos, não exigindo dos participantes as suas próprias ideias e sentimentos na resolução das situações dramatizadas[17]. Levando isto em linha de conta, podemos afirmar que a didática do drama deve assentar numa visão clara sobre o valioso (mas também limitado) lugar que os jogos devem ocupar nas aulas. No âmbito do drama na educação, os jogos podem promover a dinâmica de abertura que permite avaliar e fomentar a coesão do grupo, sendo úteis para iniciar o trabalho dramático de um modo seguro e progressivo[18]. Os jogos podem ainda ser usados para desenvolver algumas das habilidades necessárias à dramatização. O saber esperar a sua vez, o respeito pelo outro, a predisposição para a cooperação, etc., são ingredientes que devem estar bem firmados nas atividades dramáticas. Os jogos podem igualmente ser utilizados para criar os ambientes necessários para o desenvolvimento das dramatizações e servirem como indutores temáticos. Neste caso, a tensão gerada pelo jogo pode ser beneficamente incorporada no trabalho dramático subsequente[19].

Reiteramos a ideia de que a fluidez da realidade e da linguagem não permite estabelecer definições precisas e bem delimitadas entre categorias que se complementam e sobrepõem, sendo muitas vezes difícil distinguir quando uma atividade é um exercício, um jogo ou o drama propriamente dito[20]. Sobretudo, deve-se ter em atenção que a decisão sobre o uso de jogos é um assunto que deve ser ponderado pelo professor, levando em linha de conta a natureza do grupo com o qual trabalha e o percurso educativo que pretende incentivar.

## 1.2 DRAMA NA EDUCAÇÃO

Diversos termos têm sido usados para designar a aplicação das atividades dramáticas na educação. Na literatura especializada encontramos uma multiplicidade de palavras com significados semelhantes, variando conforme as épocas e os países. Denominações como expressão dramática, drama infantil, jogo dramático, drama criativo, educação dramática, drama educativo e drama desenvolvimental têm sido usadas nos títulos das obras que abordam o drama na educação[21]. Decidimos adotar neste trabalho a designação drama na educação visto a entendermos como a mais abrangente e consensual. Esta designação permite-nos referir simultaneamente a área de saber onde nos movemos e o contexto da sua empregabilidade. Outras opções poderiam ter sido tomadas. Uma das mais óbvias teria sido adotarmos, sem reservas, o termo expressão dramática, tendo em conta que é a palavra normalmente utilizada nos documentos curriculares portugueses. Porém, as fortes críticas que os apologistas da autoexpressão têm vindo a sofrer por parte das novas correntes da educação artística levaram-nos a rejeitar um termo tão facilmente contável com a filosofia progressista[22].

De um modo meramente indicativo, fazemos saber que, por exemplo, o termo expressão dramática é utilizado essencialmente nos países francófonos, sendo o drama criativo de uso mais comum nos Estados Unidos da América. A denominação drama desenvolvimental que, em grande parte, deriva dos trabalhos pioneiros de Way e Courtney, encontra-se associada a uma vertente de cariz mais psicopedagógica, sendo utilizada predominantemente no Canadá anglófono. Por sua vez, o termo drama na educação é de uso frequente no Reino Unido e nos Países do Norte da Europa[23].

Embora a filosofia e as teorizações pedagógicas subjacentes a estas diferentes denominações possam ser diferenciadas, podemos afirmar, sem receio, que todos os autores e modelos existentes na área partilham a ideia de que existe uma predisposição natural para as crianças se envolverem com a dramatização e de que este processo é imprescindível para o seu desenvolvimento e aprendizagem. Não cometeremos também qualquer incorreção se admitirmos que, a nível teórico e metodológico, existem características comuns a todas estas diferentes correntes educativas, seja qual for a denominação com que se apresentem.

De um modo geral, a designação drama na educação refere o conjunto de atividades e metodologias que utilizam a dramatização para alcançar objetivos educativos. O drama na educação diferencia-se assim do brincar dramático no seu alcance, intenção e estrutura, visto ser implementado tendo em conta uma determinada intencionalidade pedagógica. Devemos também compreender que o drama na educação centra-se nas necessidades educativas dos participantes, não sendo normalmente utilizado para a criação de espetáculos ou na formação de artistas profissionais[24]. No drama na educação as atividades dramáticas normalmente prescindem de cenários e adereços, ainda que, em certos momentos, alguns objetos possam ser usados para estimular a imaginação dos participantes. Os diálogos tendem a ser improvisados, seja o conteúdo retirado de uma história conhecida ou de um enredo original criado no momento. Normalmente, no drama na educação, as falas e as ações não estão escritas nem são memorizadas[25]. Por vezes, de modo a alcançarem uma maior qualidade e organização, as dramatizações são repetidas. Porém, estas repetições não são efetuadas com o propósito de aperfeiçoar um produto para apresentar a uma audiência, mas para potencializar o desenvolvimento e a aprendizagem. No caso do drama na educação, os participantes são guiados por um professor ou por um técnico com formação pedagógica e não por um encenador[26].

A escassez de adereços e cenários, a dispensa do uso de textos e a improvisação podem ser aceites como as principais características do que é usualmente entendido como drama na educação. No entanto, devemos compreender que a distinção entre drama como processo e como produto tem vindo a esbater-se. Atualmente, o drama na educação é perspetivado como uma disciplina que abrange um vasto leque de práticas relacionadas com o brincar dramático, com os jogos dramáticos promotores do desenvolvimento e com a aprendizagem de técnicas e convenções teatrais. A reconciliação do processo e do produto, incentivada pelas correntes atuais, tende a perspetivar o drama na educação como um *continuum* que se move progressivamente do brincar dramático para a arte teatral[27]. Contudo, esta tendência não assume que todo o drama na educação tem necessariamente de se encaminhar para o teatro. O relacionamento entre o drama e o teatro não é linear[28]. Dentro do drama como processo existem elementos da arte teatral. Por exemplo, quando uma criança dramatiza de forma livre e espontânea para os pais, amigos ou outras pessoas imaginárias, está de certo modo a explorar e a utilizar as convenções teatrais. Também não é difícil encontramos elementos do brincar e do jogo dramático no teatro. Muitos encenadores utilizam técnicas baseadas no jogo dramático de modo a incentivar os atores a explorar a criação de personagens e a desenvolver a espontaneidade necessária para o seu trabalho interpretativo[29].

Chegados a este ponto, podemos afirmar que o drama como processo e a arte teatral estão intimamente relacionados. Tanto o drama como o teatro inter-relacionam-se com a educação e com a criação artística, estejamos a falar do brincar das crianças ou do trabalho profissional dos atores, da sala de aula ou do palco do Teatro Nacional. Como profissionais ligados à educação, compete-nos assegurar que o equilíbrio entre o drama como processo e o drama como produto assenta na intencionalidade pedagógica que melhor potencializa o desenvolvimento e a aprendizagem.

A ênfase colocada exclusivamente na atuação teatral, desconsiderando a reflexão e a compreensão, levanta importantes questões éticas. Já, em 1954, Peter Slade manifestava-se contra a atuação teatral das crianças com menos de doze anos de idade, com base na ideia de que o teatro promove o comportamento exibicionista e impede as crianças de beneficiar das reais potencialidades educativas do drama. No entanto, aceita-se atualmente que a introdução das técnicas e convenções artísticas na educação não deve ser considerada como uma limitação pedagógica mas sim como um possível fator potencializador da criatividade e da literacia artística.

Mike Fleming entende que o antagonismo maniqueísta entre o drama como processo e o drama como produto assenta em falsas premissas. Permita-se-nos, a este respeito, uma citação um pouco longa, mas muito clara:

> Durante as dramatizações improvisadas, qualquer que seja a forma que estas tomem, os alunos estão sempre a trabalhar para um produto. Do mesmo modo que, quando estão envolvidos na representação teatral, estão simultaneamente envolvidos no processo dramático. Tentar preservar a distinção exclusiva entre o processo e o produto é como tentar distinguir o desafio de futebol do próprio ato de jogar futebol; é como se alguém negasse a possibilidade de falar sobre o resultado do jogo ou de identificar um jogador-chave para a sua

equipa argumentando que os jogadores só estão envolvidos no processo. Este exemplo sublinha o facto de que não é tanto a escolha dos conceitos que usamos que é importante, mas sim as consequências do seu uso. A questão relevante no drama é perguntar se a exclusiva preferência por um ou por outro conceito fecha a nossa mente para outras possibilidades. Por exemplo, proclamar que só se está interessado no processo, pode negar a possibilidade de se poder julgar a qualidade do "produto", fazendo com que qualquer tentativa de avaliação se torne extremamente difícil. Inversamente, uma preocupação exclusiva com o produto pode impedir o entendimento de que o processo é central para a qualidade geral da experiência educativa[30].

Esta citação leva-nos a assumir que é a dialética do equilíbrio entre o drama como processo e o drama como produto o que permite perspetivar o drama e o teatro como experiências educativas complementares, de modo a assegurar simultaneamente a natural predisposição das crianças para o brincar dramático e a progressiva aquisição das técnicas e convenções teatrais que potencializam os benefícios educativos do seu envolvimento com a arte.

## 1.3 TEATRO NA EDUCAÇÃO

O teatro, de forma diferente do que é geralmente entendido como drama na educação, implica a elaboração de um produto que é ensaiado e apresentado a um público. Os elementos essenciais do teatro são os atores, a dramaturgia e os espectadores[31].

O teatro é uma arte multifacetada, abrangendo diversas tendências estéticas e culturais. A arte teatral tende a abordar, de forma condensada e intencional, a complexidade da vida e os seus dilemas mais profundos. As personagens dramáticas inter-relacionam-se num mundo ficcionado, através do qual o público se emociona e reflete sobre a natureza humana e as problemáticas sociais.

Normalmente, as temáticas abordadas no teatro para adultos pressupõem uma capacidade de compreensão que ultrapassa a maturidade cognitiva e emocional das crianças. Por outro lado, a desmesurada atenção dada aos aspetos comerciais e ao espetáculo como mero entretenimento torna difícil, senão mesmo impossível, encontrar em algumas propostas teatrais qualquer utilidade educativa.

O teatro na educação diz respeito ao tipo de teatro que explora e demonstra uma preocupação específica com os valores e os processos educativos. O teatro na educação engloba: a) o *teatro para crianças*, que concerne a apresentação de espetáculo por atores profissionais onde se apresentam temáticas relacionadas com a vida dos estudantes e o currículo escolar; b) o *teatro participado*, onde os membros da audiência tanto observam como participam na ação; e c) o *teatro por crianças*, onde as personagens são representadas essencialmente por crianças[32].

Uma leitura, ainda que diagonal, dos principais textos teóricos do drama na educação permite-nos perceber que a relação entre o drama e o teatro não tem sido linear. Uma análise superficial pode mesmo levar a entender que o drama na educação em nada se relaciona com as artes do palco e com a dramaturgia. O forte antagonismo demonstrado por alguns autores da área da pedagogia perante o teatro baseia-se essencialmente na rejeição do teatro como um produto comercial e exibicionista, centrado exclusivamente nas ideias do encenador e elaborado por pessoas altamente vocacionadas[33].

Sabemos que os pioneiros do drama na educação fundamentaram as suas teorias principalmente no brincar infantil e na psicologia, menosprezando os conteúdos e as técnicas que pudessem advir diretamente da arte teatral. Porém, nos anos 90, muitos dos críticos do drama na educação alertaram para esta situação, argumentando que o drama escolar estava a perder a sua inegável e imprescindível ligação à arte dramática[34]. A própria conceção do drama processual, que sublinha o crescimento pessoal através da autoexpressão, tem vindo a evoluir para perspetivas mais equilibradas e conciliadas com a arte teatral. Kitson e Spiby chegam mesmo a caracterizar a evolução histórica do drama na educação pela progressiva tendência para incorporar a prática da arte teatral nos contextos escolares [35]. Sobre este assunto, somos levados a notar que o equívoco cometido pelos pioneiros que sobrevalorizavam a improvisação espontânea em detrimento da aprendizagem artística pode acontecer, de forma semelhante, neste caso, pelos radicais da direção oposta, ou seja, pelos indivíduos que defendem que o uso de peças escritas e o domínio das técnicas teatrais acarretará, só por si, o maior envolvimento dos estudantes com as potencialidades educativas do drama.

A produção da arte teatral baseia-se numa complexa rede de convenções que ajudam a criar significados através da manipulação intencional do tempo e do espaço. As convenções teatrais englobam as técnicas e os processos que permitem enfatizar as qualidades dramáticas da presença humana, podendo ser intensificadas pela utilização de objetos simbólicos, da luz e do som. Por exemplo, enquanto nas improvisações os atores tendem a usar as dimensões do tempo e do espaço de forma semelhante à realidade, a que podemos chamar de representação naturalista, na "escultura humana", convenção muito usada no drama e no teatro, o tempo e o movimento ficam estáticos, permitindo evidenciar com maior impacto estético num determinado momento dramático. Por seu lado, a mímica permite ao ator usar o tempo e o espaço de forma simbólica, de modo a transmitir determinadas ideias e sentimentos. Torna-se claro que o domínio das convenções dramáticas ajuda os estudantes a melhor compreendem e analisam a arte teatral, oferecendo-lhes ainda a possibilidade de alcançar um maior controlo sobre a qualidade dramática das suas propostas, fazendo-as atingir maior significado e valor artístico[36].

A história do teatro revela mudanças de conceção que devem ser compreendidas pelos atuais teóricos e praticantes do drama na educação. Analisemos o seguinte esquema sobre duas conceções do drama e do teatro na educação:

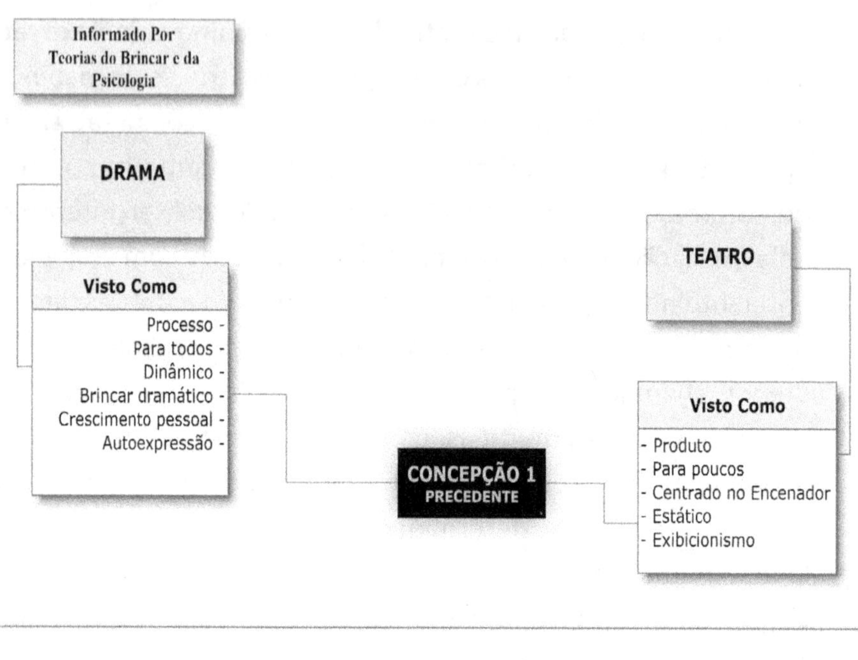


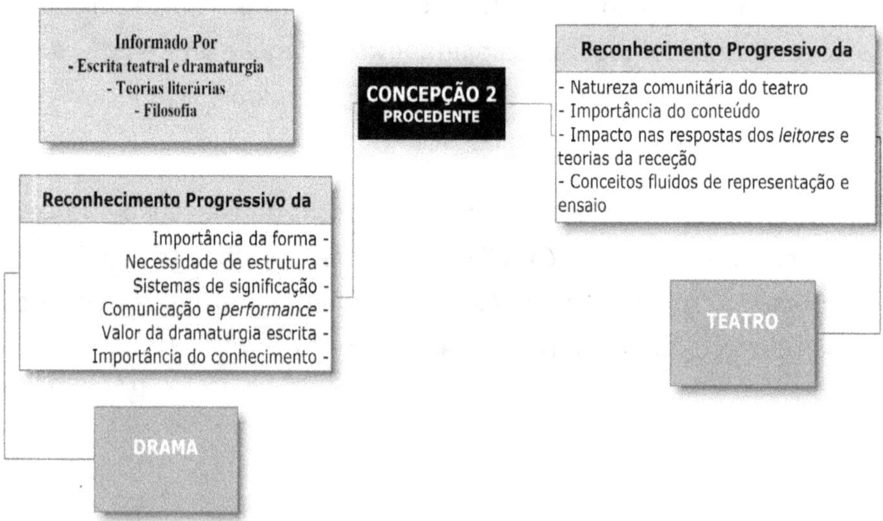


Figura 2 - História do ensino do drama[37].

A figura anterior permite-nos entender como as diferentes conceções do drama e do teatro têm influenciado a prática educativa. A conceção 2 (procedente) assume que o drama escolar, embora tenha como antecedente a perspetiva processual e instrumental da conceção 1, pode-se inspirar nos conteúdos e técnicas da arte dramática contemporânea, possibilitando *o ensino do drama*, em vez de, exclusivamente, *o ensino através do drama*. Porém, a conceção 2 não deixa de considerar as vantagens do *drama espontâneo*, de modo a assegurar a qualidade da participação dos estudantes tendo em conta o seu autoconhecimento e desenvolvimento integral enquanto pessoas.

Resumindo, a relação entre o teatro e o drama na educação admite diversas conceções e perspetivas de atuação. Se, por um lado, podemos encontrar autores que defendem exclusivamente o drama como processo, encontramos outros que admitem a necessidade de aproximar o drama escolar às perspetivas mais centradas no produto, incorporando a aprendizagem técnica e a apreciação artística nas intervenções educativas. Shifra Schonmann defende que se devem edificar perspetivas abrangentes que consigam coligar o que de melhor existe nestes diferentes posicionamentos[38]. As múltiplas conceções do drama na educação começam a ser olhadas de um modo integrado e abrangente. Tal como a autora anteriormente referenciada, também nós assumimos a necessidade de promover uma visão abrangente e tolerante; o que nos leva a concordar com Walkinshaw quando afirma que o drama" necessita de ser visto como polimorfo, fecundo, didático, dialético, pedagógico e divertido; o que exige o reconhecimento tanto das semelhanças como das diferenças entre as diversas metodologias"[39].

# Cap. 2 A Emergência do Drama na Educação

Ainda que sejamos levados a admitir que existe na disciplina uma crescente propensão para a edificação de conceções mais abrangentes e tolerantes, não assumimos que o percurso histórico do drama na educação se apresenta como uma inexorável e unidirecional linha de progresso. Tanto os autores que subscrevem a visão mais progressista e processual como os que admitem a necessidade de conceber o drama na educação de forma mais técnica e artística oferecem razões que devem ser ponderadas pela sua relativa validade educativa.

A abordagem longitudinal sobre a apologética educativa do drama remete-nos, num primeiro momento, para uma série de assunções derivadas do movimento progressivista na educação. O progressivismo na educação deve a sua origem aos ideais do romantismo filosófico dos finais do séc. XVIII, derivado das ideias de Jean Jacques Rousseau (1712- 1778). Rosseau defendia que a moral não advém da autoridade de Deus ou dos seus representantes na terra, mas sim da capacidade dos indivíduos consciencializarem os seus sentimentos mais íntimos e puros. Para os românticos, o processo educativo deve ter como principal finalidade a libertação dos sentimentos que manifestam a bondade natural da natureza humana.

A ideia da libertação e da autonomia pessoal promovidas pela expressão artística era muito cara ao movimento romântico do séc. XIX, tendo sido posteriormente adotada pelo movimento progressivista na educação. Os pioneiros do progressivismo, que começaram a ganhar relevo a partir do início do séc. XX, eram unânimes em defender que as crianças deviam ser incentivadas a exprimir-se através das artes, visto considerarem a expressão artística como a forma mais natural de promover a criatividade, a imaginação e os princípios morais.

No início do séc. XX, as experiências artístico-pedagógicas, baseadas nas teorias pedagógicas da época, eram normalmente concebidas de modo a incentivar as crianças a criarem o que lhes aprouvesse no momento, sem qualquer tipo de retroação por parte dos adultos. Por exemplo, John Dewey, um dos mais proeminentes educadores progressivistas, afirmava que a educação devia ter como raiz as atividades espontâneas das crianças e não as ideias ou produtos apresentados extrinsecamente pelos adultos[40]. Influenciado por estas perspetivas, o drama (tal como as outras artes) era tendencialmente implementado em contexto educativo sem qualquer referência cultural ou técnica, com base na ideia generalizada de que o "faz-de-conta" das brincadeiras espontâneas é a forma mais benéfica e natural de educação[41].

Concomitantemente, a emergência da psicanálise, sobretudo a atenção dada pela psicanálise infantil ao brincar espontâneo, vieram reforçar a ideia de que o drama deve ser usado na educação essencialmente para ajudar as crianças a explorarem o seu mundo interno. Muitas correntes da psicologia dinâmica começaram a colocar o brincar simbólico no núcleo das suas teorias, fazendo com que as atividades dramáticas passassem a ser entendidas como essenciais ao desenvolvimento, chegando mesmo a perspetivá-las como uma ferramenta de diagnóstico e intervenção terapêutica[42].

Nos anos prévios à segunda guerra mundial, os ideais do progressivismo e as teorias da psicologia dinâmica estavam de tal modo difundidas que começaram a ser incorporadas no sistema educativo. O final da guerra renovou a esperança no progresso da humanidade, e o drama, que na altura era apresentado de um modo a que podemos de apelidar de "terapêutico", adaptava-se bem aos ideais deste tempo. Os responsáveis pelas políticas educativas dos países europeus democráticos, imbuídos do novo espírito reformista do pós-guerra, passaram a incentivar a inclusão do drama e das artes nas escolas[43].

O drama não estava sozinho na promoção da ideia de que as artes devem sobretudo ser usadas para promover a expressão espontânea e o desenvolvimento emocional das crianças. Na mesma altura, a dança era perspetivada por Rudolf Laban[44] como a expressão libertadora do mundo dos sentimentos. Esta conceção era mesmo apanágio de todo o movimento educativo a que se dá o nome de *educação pela arte*. Em 1943, Herbert Read[45] argumentava, com base em princípios filosóficos e psicológicos nitidamente progressivistas, que as artes devem estar na base de toda a educação.

De uma forma geral, o movimento da educação pela arte, em pleno florescimento no pós-guerra, tendia a conjugar, sem delimitações disciplinares, as diversas atividades artísticas como libertadoras da expressão individual (vulgo "expressão artística ou expressões integradas"). As correntes educativas em voga nos anos 50 e 60 perspetivavam a educação artística essencialmente como um processo de desenvolvimento psicológico, subvalorizando qualquer benefício educativo que pudesse advir da aprendizagem técnica e da apreciação de obras de arte[46].

Tendo em conta este panorama, é natural que as primeiras obras com projeção internacional sobre o drama na educação estivessem imbuídas dos valores da filosofia progressivista emergente na época. A obra *Child Drama,* publicada em 1954, é reconhecida como a primeira publicação de fundo sobre o drama na educação. O autor, Peter Slade, comungava com os progressivistas a crença inabalável no valor educativo do brincar espontâneo, assumiu que o drama na educação, de modo a não inibir as habilidades criativas inatas das crianças, devia caracterizar-se essencialmente pelo *não-intervencionismo* por parte dos professores. As ideias de Slade influenciaram toda uma série de autores subsequentes. Por exemplo, Brian Way, um dos seus mais destacados seguidores, adotou o mesmo tipo de enquadramento teórico, apresentando, porém, um enfoque mais centrado numa progressão pedagógica baseada em exercícios práticos. Richard Courtney, que emigrou de Inglaterra para o Canadá, onde fez grande parte da sua carreira académica, aprofundou o corpo teórico do drama iniciado por Slade e Way, relacionando-o com outros ramos do saber, especialmente com a psicologia do desenvolvimento. Por seu lado, Dorothy Heathcote, com preocupações de índole mais metodológica, revolucionou o ensino do drama nos anos 70, passando a prestar especial atenção ao papel interventivo que os professores deviam assumir para melhorar a qualidade das aprendizagens. Mais recentemente, David Hornbrook teceu fundadas críticas às ortodoxias progressivistas largamente difundidas, fazendo com que o drama na educação deixasse de ser perspetivado exclusivamente como um processo de desenvolvimento psicopedagógico e passasse a comungar, tal como já tinha acontecido com as restantes disciplinas da educação artística, nomeadamente com as artes visuais e com a música, um enquadramento mais centrado na aprendizagem dos saberes e das técnicas artísticas.

Esta breve resenha histórica permite-nos descortinar, com alguma clareza, o enquadramento geográfico e cultural de onde emergiram os principais autores do drama na educação. É unanimemente reconhecido que foi no Reino Unido e nos países sob a sua influência que surgiram, e continuam a surgir, os estudos com maior projeção internacional sobre o drama na educação. Qualquer abordagem à disciplina que queira ser profícua não poderá deixar de o reconhecer. Ao contrário do teatro, que viu surgir em diversos países autores que contribuíram para a sua concetualização - por exemplo: Antonin Artaud (1896-1948) em França, com o teatro da crueldade; Bertolt Brecht (1898-1956) na Alemanha (ainda que este último tenha vivido parte da sua vida nos E.U.A.), com o teatro épico; e Konstantin Stanislavski (1863-1938) na Russia, com a sua metodologia de construção de personagens - no que diz respeito especificamente ao drama na educação, não vislumbramos qualquer autor internacionalmente influente que não seja anglo-saxónico. Existirão provavelmente razões culturais que explicam que não tenham surgido, por exemplo em Portugal, autores com relevo internacional no âmbito da produção teórica do drama na educação. A pesquisa bibliográfica que temos vindo a realizar, ao longo de mais de três décadas, não nos permitiu descortinar em Portugal qualquer publicação que abordasse, de forma aprofundada e sistematizada, as principais teorias e metodologias que têm marcado a evolução teórica desta área de estudo. Para além de textos dispersos publicados por alguns autores portugueses ou de obras pioneiras como a de Calvet de Magalhães e Aldónio Gomes- A Criança e o Teatro (publicada em 1964[47]), a maior influência sobre a expressão dramática portuguesa foi essencialmente francófona. A expressão dramática foi em grande parte difundida pelos intelectuais portugueses que regressaram a Portugal após a revolução dos cravos, tendo muitos deles, como antigos exilados políticos, ligações prévias à cultura francófona. Devemos destacar, como particularmente influente no surgimento da expressão dramática no nosso país, o caso de Gisèle Barret, docente na Universidade de Montreal, que tivemos oportunidade de conhecer, em meados dos anos 80, por intermédio do Professor Sampaio da Nóvoa. A obra de Barret assumia-se essencialmente como metodológica, focando-se a sua reflexão teórica nos princípios da estruturação, articulação e progressão da práticas. Lembramo-nos dos escritos da autora que, na altura, ainda sob a forma de fotocópias, eram passados de mão em mão como uma preciosidade entre os mais interessados no tema. Uma abordagem sintética à pedagogia de Gisèle Barret já foi por nós publicada num outro trabalho[48].

Tendo em conta este enquadramento histórico introdutório, partimos seguidamente para a sistematização das ideias-chave que atualmente informam o corpo teórico do drama na educação na literatura especializada. Por opção metodológica, propomos fazê-lo com base nos autores com maior destaque internacional, que passamos a apresentar sequencialmente tendo em conta a ordem cronológica do impacto das suas obras; o que nos permitirá, para além de salientar as linhas de força das suas teorias, tecer as articulações epistemológicas evolutivas que têm surgido na disciplina.

## 3.1 *Espontaneidade e Arte Dramática Infantil: Peter Slade*

Peter Slade publicou "Child Drama" em 1954; obra que passou a influenciar a conceção do drama na educação nas décadas seguintes. Em sintonia com as correntes progressivistas, Slade defende que o drama deve ser implementado nas escolas para facilitar a autoexpressão dos alunos, tendo como principal finalidade "a educação de crianças alegres e equilibradas, com interesse pela vida e pela beleza" [49]. O posicionamento teórico de Slade baseia-se na crença romântica de que o drama desenvolve espontaneamente a personalidade das crianças. Para Slade, desde que exista um ambiente onde impere "a paciência, a compreensão, a alegria e a liberdade", o comportamento dramático floresce e desenvolve-se[50]. Assim, de modo a não condicionar esta suposta propensão natural para o desenvolvimento, Slade assume que o professor não deve intervir no desenrolar das atividades, mas posicionar-se essencialmente como um observador que acompanha o desabrochar natural das crianças.

Peter Slade insurgiu-se contra a ideia das crianças (especialmente antes dos doze anos de idade) serem levadas a atuar num palco[51]. Segundo o autor as atividades dramáticas na educação não devem ser determinadas por qualquer tipo de referência cultural. Slade distingue, por isso, a espontaneidade do drama na sala de aula, "drama no sentido mais lato", do teatro, tal como é compreendido pelos adultos. Acima de tudo, para Slade, o drama das crianças deve ser entendido, "em si mesmo, como uma forma de arte"[52].

Slade insurgiu-se também contra o trabalho escolar baseado na produção de peças ou no uso do teatro para ensinar línguas estrangeiras ou factos históricos, defendendo, de forma veemente, que as atividades dramáticas jamais devem ser perspetivadas como um método de ensino de outras matérias. Para o autor o drama deve ser visto como um assunto separado, com um espaço próprio no horário escolar, ao lado da música e das artes plásticas[53].

Para Slade o brincar e o drama são atividades indissociáveis, podendo, no entanto, segundo afirma, distinguir-se dois grandes tipos de brincar: o brincar pessoal e o brincar projetado (*Personal Play and Projected Play*)[54]. No brincar pessoal, a criança envolve-se fisicamente com as atividades, existindo uma tendência para o barulho e para o movimento. Este tipo de brincar evolui para as corridas, jogos com bola, lutas e dança. Por seu lado, o brincar projetado é essencialmente mental. Neste tipo de brincar a criança projeta o seu mundo interno através do uso de objetos, verificando-se uma tendência para a quietude. O brincar projetado evolui para a arte, música, escrita e leitura. Para o autor o drama, que concilia os dois tipos de brincar (pessoal e projetado), vai-se tornando, ao longo do tempo, cada vez mais evidente, até finalmente se emancipar dos restantes tipos de brincadeira infantil. Para Slade as atividades do brincar espontâneo, com "qualidades dramáticas intensas", passam a estar de tal modo presentes na vida das crianças que começam a ser facilmente identificadas, passando a ser denominadas de "jogo dramático evidente"[55]. Para o autor, o brincar com "qualidades dramáticas intensas" está normalmente sedimentado aos cinco anos de idade e o jogo dramático aos sete.

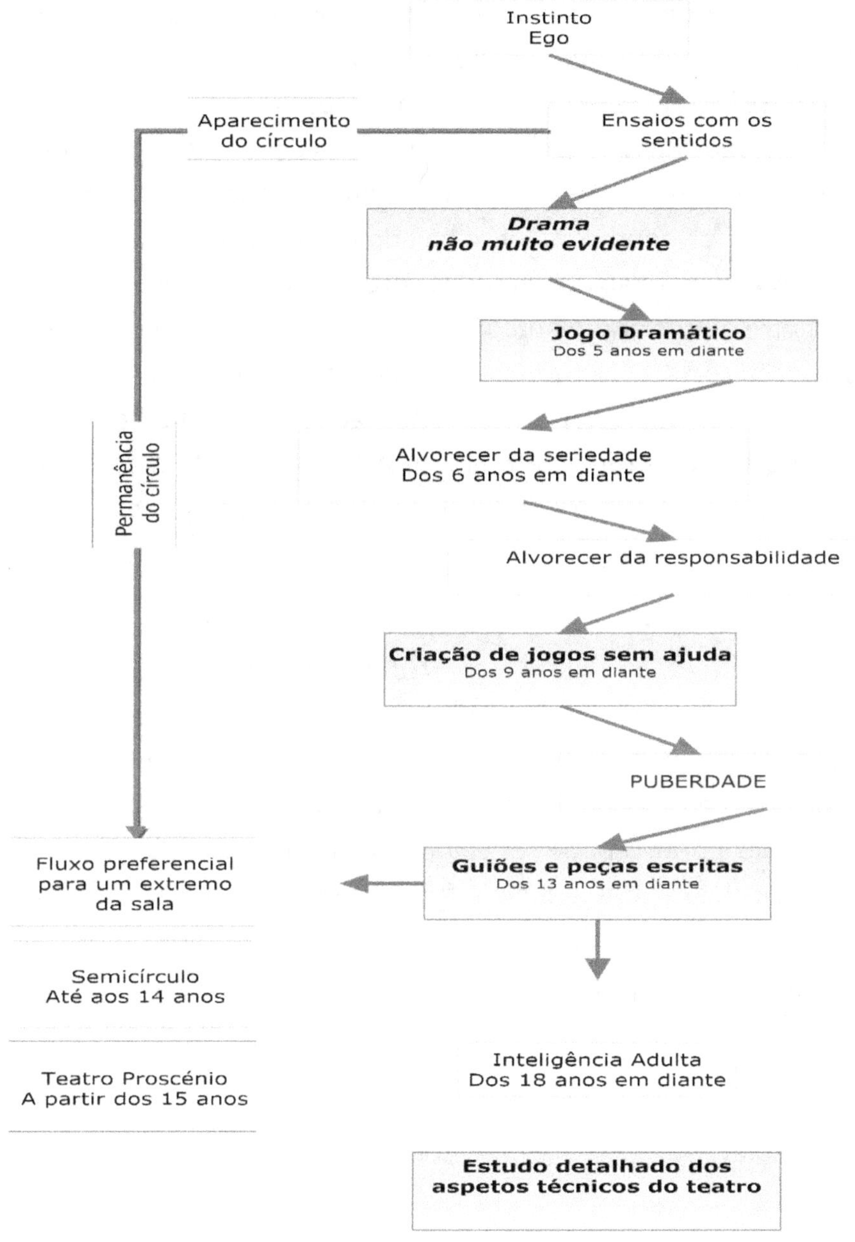


Figura 3 - Desenvolvimento natural do drama segundo Peter Slade[56].

Baseando-se na sua experiência de mais de trinta anos de trabalho com crianças, Slade assume, tal como é representado no esquema anterior, que o jogo dramático se desenvolve ao longo das diferentes idades em termos de espaço[57] . As crianças mais novas brincam normalmente em círculo. Por volta dos oito anos de idade, em forma de ferradura. Somente na adolescência começam a dramatizar viradas para alguém (muitas vezes num palco). Esta constatação, entre outros argumentos, leva o autor a considerar que a representação teatral é secundária ou mesmo indesejável na educação das crianças mais novas. Segundo Slade, a dramatização para terceiros só deve ser introduzida a partir do momento em que as crianças atingem a maturidade suficiente para poderem beneficiar da presença de público[58] .

Ao longo da sua obra Slade vai reafirmando o quanto as atividades dramáticas fomentam a *catarse e o controlo emocional* necessários ao desenvolvimento. Devemos notar que, para além das suas preocupações de cariz mais pedagógico, Peter Slade também se dedicou à implementação do drama em contexto terapêutico. A ideia de que o drama pode ser usado para promover o desenvolvimento psicológico das crianças foi posteriormente explorada e aprofundada por uma série de seguidores, tanto no âmbito da educação como em terapia.

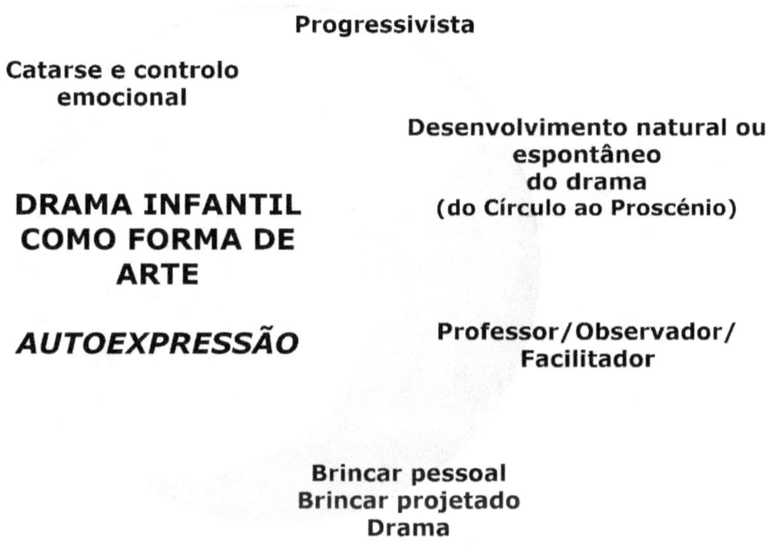

**Progressivista**

**Catarse e controlo emocional**

**Desenvolvimento natural ou espontâneo
do drama
(do Círculo ao Proscénio)**

**DRAMA INFANTIL
COMO FORMA DE
ARTE**

*AUTOEXPRESSÃO*

**Professor/Observador/
Facilitador**

**Brincar pessoal
Brincar projetado
Drama**

Figura 4 - Figura resumo: Peter Slade

## 3.2 *Drama, Desenvolvimento e Consciência: Brian Way*

Brian Way, tal como Peter Slade, não direcionou as suas teorias para a aprendizagem da arte dramática, mas essencialmente para o desenvolvimento "emocional e social" das crianças. [59] O drama é apresentado por Way como uma disciplina que apela "à individualidade dos indivíduos", à "singularidade de cada essência humana"; revelando-se uma espécie de indutor do desenvolvimento psicológico que conduz ao crescimento emocional e ao autoconhecimento[60] .

Way concebeu esquematicamente a teoria do drama na educação como uma série de círculos concêntricos, trespassados pelo que considera serem os sete componentes da personalidade: concentração, sensibilidade, imaginação, corpo, linguagem, emoção e intelecto[61]. Estes componentes da personalidade, que Brian Way admite existirem em todas as pessoas e em todas as idades, foram usados pelo autor na idealização dos exercícios dramáticos que envolvem a criação de histórias, a improvisação e a representação de personagens. Para Way os estádios iniciais do drama solicitam a descoberta dos recursos pessoais, impelindo o desenvolvimento da concentração e da sensibilidade. Em estádios mais avançados, o drama passa a impulsionar o desenvolvimento da sensibilidade em relação aos outros no âmbito da esfera pessoal e, posteriormente, o enriquecimento das experiências dentro e fora da esfera pessoal.

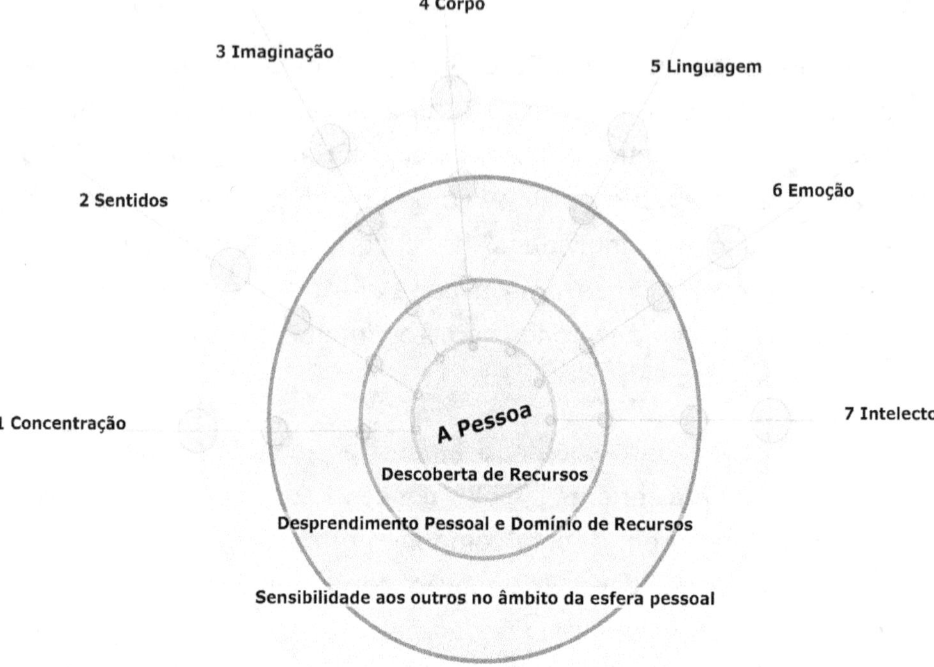


Figura 5 - Modelo desenvolvimental do drama segundo Brian Way[62].

Tal como podemos constatar na figura 5, para Brian Way o drama não evidencia uma progressão linear, mas sim circular. Todos os pontos do círculo fazem parte do desenvolvimento humano, podendo, qualquer um deles, servir de início ao trabalho educativo. O autor refere que a progressão no drama não implica o afastamento do trabalho educativo previamente realizado ao nível da esfera pessoal, mas sim a aplicação do mesmo tipo de processos a âmbitos cada vez mais conscientes que se vão alargando na interação com os outros.

Nos estádios iniciais do desenvolvimento, as crianças tendem a dramatizar de forma intuitiva e a explorar os enredos e os contextos que lhes são mais familiares. Posteriormente, através da crescente consciencialização de si próprias e dos outros, vão-se libertando das referências egocêntricas para começarem a explorar a existência dos "outros seres humanos, da família, do grupo de amigos, dos colegas da sala de aula, da escola, da comunidade e da humanidade no seu conjunto" [63]. Através dos exercícios promotores da concentração e do aprimoramento dos sentidos, as crianças vão progredindo para um maior envolvimento emocional e intelectual com as dramatizações. Inicialmente, as dramatizações são mantidas no âmbito da esfera pessoal, tendo exclusivamente por referência o mundo interno. Posteriormente, as crianças começam a reconhecer a existência factual dos outros e o seu relacionamento simples com eles. Acedendo à consciencialização dos outros e reconhecendo as suas circunstâncias particulares, as personagens fictícias que as crianças representam passam a levar em linha de conta as características específicas do mundo interno de quem é dramatizado.

Para Way, tal como afirmámos, nos níveis de desenvolvimento iniciais o trabalho dramático inclui pouca ou nenhuma consciencialização da sensação de ser outra pessoa, baseando-se largamente em "ser-se o próprio" em situações diferentes das usuais[64]. Nesta fase, a caracterização das personagens é essencialmente intuitiva. Progressivamente, ao representar as personagens do seu imaginário, a criança vai-se tornando cada vez mais consciente da sua individualidade mas também da existência singular do outro. Gradualmente, as personagens do mundo real começam a sobrepor-se às personagens simbólicas e aos estereótipos da fantasia e do mundo imaginário infantil. Segundo Way, a mudança da fantasia para o realismo permite à criança começar a explorar a "essência dos sentimentos" dos indivíduos que dramatiza, baseando-se cada vez mais nas características específicas próprias dos outros/personagens. Estes detalhes advêm tanto do desenvolvimento pessoal e da sensibilidade às outras pessoas como das oportunidades práticas que o drama oferece para "podermos ser pessoas diferentes" [65].

Os estádios de desenvolvimento do drama são apresentados por Way tendo em conta a seguinte progressão:

1) **Exploração intuitiva e subconsciente das personagens** (do mundo interno e da imaginação);

2) **Exploração subconsciente das personagens em ação** (tanto na fantasia como no mundo real. O interesse dominante é a ação. Neste estádio existe pouco uso da racionalidade);

3) **Início da exploração da causa-efeito das ações das personagens com particular interesse pela ação.** (Verifica-se uma crescente consciencialização da causa-efeito das ações nas características específicas das personagens. As considerações intelectuais começam a sobrepor-se ao domínio físico e emocional imediato, passando a caracterização das personagens a ser mais consciente);

4) **Exploração tanto da causa-efeito como dos fatores internos (motivações) das personagens.** (Este domínio, em termos gerais, diz essencialmente respeito à educação de nível secundário, i.e. dos 14 anos em diante. Com o crescimento da experiência, começa-se a verificar um maior equilíbrio no uso do eu físico, emocional e intelectual nas dramatizações)[66].

Brian Way defende que o domínio dos recursos dramáticos e
o desenvolvimento das características da personalidade promovidos nos estádios iniciais do drama fomentam a consciencialização
de si próprio[67]. O processo de criação e representação de personagens, visto implicar a projeção imaginária da própria pessoa nas circunstâncias que dizem respeito à vida dos outros ou procurando
*"ser"* os outros nas suas próprias circunstâncias, permite aprofundar a experiência da singularidade pessoal e da singularidade do
outro. É o pôr-se à prova em situações diversificadas, através do
relacionamento dinâmico do próprio indivíduo com as personagens
que vai criando, que possibilita aos sujeitos desenvolverem os seus
recursos pessoais e a sua personalidade, num processo de crescimento pessoal simultaneamente emocional e intelectual. A representação dramática induz as crianças a desenvolverem, inicialmente, a nível intuitivo e subconsciente e, posteriormente, de
forma mais consciente, a empatia e a compaixão. Para Way esta é
a derradeira razão de ser do drama; um "treino para a vida" [68].

De modo a ilustrar a aprendizagem promovida pelo drama
Way dá como exemplo a resposta à pergunta: "O que é uma pessoa
cega?" [69]. A resposta: "uma pessoa cega é uma pessoa que não
pode ver" é, segundo Way, meramente racional e baseada no conhecimento abstrato. Por seu lado, representar dramaticamente
uma pessoa cega traz compreensão ao conhecimento mais superficial, envolvendo aspetos emocionais, físicos e intelectuais; o que
ajuda a desenvolver a empatia e a compaixão. Para Way o drama
permite explorar todos os tipos de circunstâncias e condições sociais, alargando os horizontes da compreensão e da sensibilidade perante a humanidade como um todo[70]. Ao mesmo tempo que promove a compreensão do outro, o drama fomenta a descoberta da
própria pessoa, entendida como um ser único no seu modo de ser
e de estar no mundo.

Brian Way preocupa-se individualmente com cada criança. Dá tempo e espaço para a integração progressiva das crianças no drama; primeiro a pares, depois em pequenos grupos e, posteriormente, já com alguma confiança alcançada, na apresentação das dramatizações a um grupo maior. Para Way, a gradual exposição aos outros encoraja a participação em vez de a impor, promovendo o sentimento de confiança. Way procura sobretudo promover o envolvimento emocional dos participantes nos enredos. Para exemplificar esta ideia, o autor dá como exemplo a dramatização de um acidente com mineiros. Numa primeira fase, são criadas dramatizações simples e ilustrativas sobre o assunto, com os participantes a mimarem as ações dos mineiros. Posteriormente, é acrescentado um conflito sob a forma de desastre. Isto necessita, como Way fez notar, "da consideração da variedade das pessoas envolvidas e das suas respostas ao conflito"[71]. São as reações das próprias pessoas e das personagens a um determinado conflito o que realmente permite que os indivíduos experienciem o que é sentirem-se como se fossem outras pessoas numa determinada situação.

Para Brian Way é na mútua dependência da ação e da emoção que se encontra o derradeiro objetivo do drama. O drama possibilita aos participantes não só exprimirem os seus próprios sentimentos numa determinada situação, como desenvolverem a capacidade de entender como as outras pessoas se sentiriam e agiriam numa situação semelhante. Este objetivo conjuga a consciência de si próprio com a empatia pelos outros. É com este objetivo que Way cria os enredos dramáticos, especialmente com as crianças mais velhas, procurando levar os estudantes a refletir e emitir as suas opiniões e emoções. O desastre na mina anteriormente referido é um bom exemplo. Way sugere que durante as improvisações os estudantes representem os papéis dos familiares que esperam os sobreviventes. Este processo "dá significado ao coração e ao espírito, assim como à mente dos estudantes"[72]. Não se confinando exclusivamente ao âmbito pessoal, as dramatizações devem promover a extensão da experiência ao mundo do outro, desafiando a compreensão mais óbvia e imediata. As dramatizações vão-se tornando progressivamente mais complexas permitindo "explorar todos os aspetos tangíveis e intangíveis da vida do Homem na terra, fundindo os perenes aspetos da sua existência"[73].

O livro de Brain Way foi amplamente traduzido e adaptado em diversos países como obra de referência. As ideias nele contidas tiveram muita influência na conceptualização do drama na educação nos anos 60, particularmente em algumas instituições europeias de formação de professores. A obra de Way ajudou a perpetuar a ideia de que o drama na educação deve ser implementado para promover o equilíbrio emocional, o autoconhecimento e o desenvolvimento psicológico através da participação numa série de exercícios e jogos dramáticos. A influência das teorias de Brian Way no Canada foi vasta, dando origem, nos anos 70, às teorias e métodos do que hoje ainda se conhece como drama desenvolvimental.

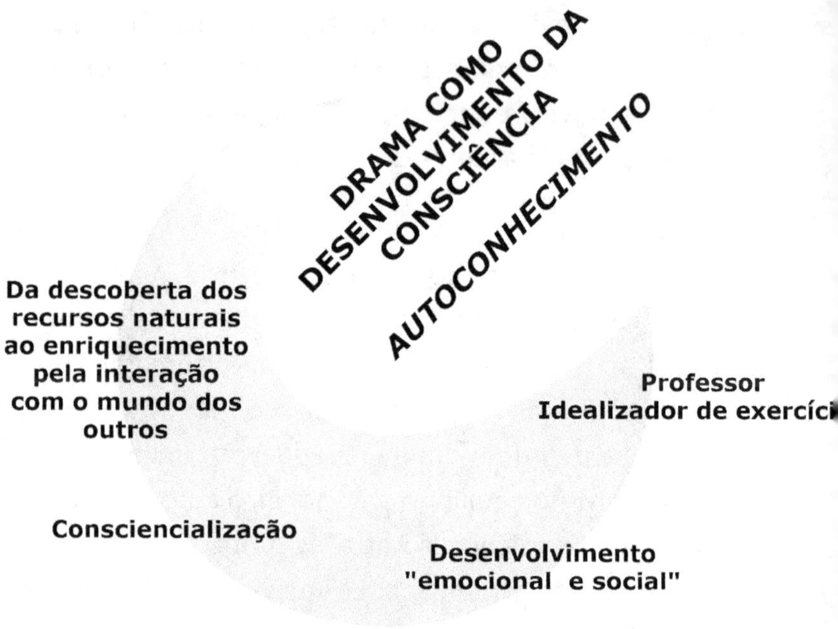

Figura 6 - Figura resumo: Brian Way

## 3.3 *A Natureza da Aprendizagem Dramática: Richard Courtney*

Um dos mais prolíferos e aclamados autores do drama desenvolvimental é Richard Courtney, cuja obra, *Play, Drama and Thought*, de 1968, aprofundou as ideias previamente desenvolvidas por Peter Slade e Brian Way. Porém, de forma diferente dos seus antecessores, Courtney assume que qualquer teoria sobre o drama na educação deve considerar o imenso trabalho produzido sobre o desenvolvimento mental por teóricos reconhecidos, nomeadamente por Jean Piaget, Lawrence Kohlberg e Erik Erikson[74]. Ao longo da sua vasta produção escrita, Richard Courtney procurou sistematizar um corpo teórico que permitisse conceber o drama como uma disciplina emancipada no âmbito das ciências humanas, embora, tal como já afirmámos, com estreitas ligações a outras áreas do conhecimento.

Courtney define drama desenvolvimental como o "estudo académico da atividade dramática", ou seja, como a elaboração teórica das implicações e transformações criadas pela ação dramática no pensamento[75]. Sobretudo, para Courtney, o drama desenvolvimental apresenta-se como uma área específica de pesquisa e de conhecimento com aplicação a múltiplos contextos, sejam eles educativos, antropológicos, sociológicos ou terapêuticos.

Embora Courtney considere que todos os atos dramáticos revelam mais semelhanças do que diferenças, admite que podem ser agrupados, tal como apresentamos na figura 7, em duas grades categorias: os processos (atividades dramáticas espontâneas) e as formas (produtos teatrais):

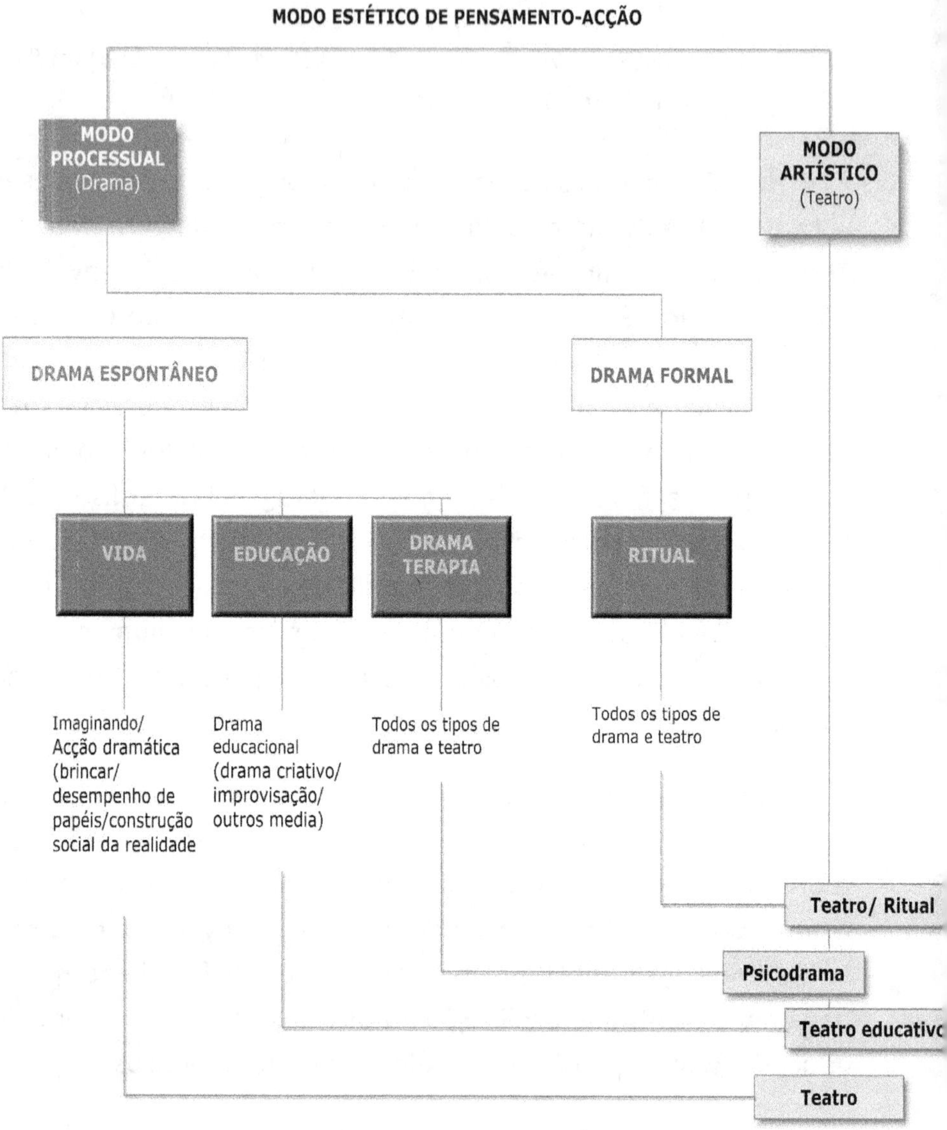

Figura 7- Categorias do drama e do teatro segundo Richard Courtney[76].

Como a figura 7 evidencia, Courtney entende que o teatro (uma forma de arte) se orienta primordialmente para o produto e o drama (uma disciplina) para o processo[77]. Segundo Courtney, no âmbito das teorizações do drama desenvolvimental, as questões relacionadas com a arte teatral são "somente o topo do iceberg" [78]. Enquanto o teatro diz respeito "à forma artística do processo dramático, entendido como um produto codificado e formalizado"[79], o drama relaciona-se com o processo humano espontâneo através do qual pensamos e atuamos imaginariamente *"como se"*[80].

Courtney assume que o drama diz respeito aos processos internos e externos que ocorrem quando criamos ficções mentais e as exprimimos através do brincar dramático, da representação de personagens e do teatro[81]. O drama lida essencialmente com o pensamento inerente aos atos imaginários. Para o autor, a ficção dramática não deve ser entendida como uma falsidade ou mentira, mas sim como um modo multifacetado e dinâmico que enriquece e completa a nossa visão quando olhamos para o mundo. Deste modo, o real e a ficção dramática não são categorias separadas, mas sim processos complementares que operam em conjunto "numa *gestalt* do pensamento; partilhando propriedades e funções"[82]. Quando juntamos a realidade e a ficção, a nossa compreensão do mundo muda: "aprendemos e, com isso, melhoramos significativamente a nossa capacidade cognitiva" [83].

Courtney entende que a dramatização coloca em jogo uma multiplicidade de estruturas e dinâmicas relacionadas com o funcionamento mental[84]. O envolvimento das pessoas com o "faz de conta e com a representação" nunca deixa de desencadear processos de transformação do pensamento. Quando as pessoas se envolvem com a dramatização transformam mentalmente objetos, ideias, outras pessoas, elas próprias e o mundo que as rodeia. Estes processos mentais permitem aos indivíduos operarem de forma eficiente no mundo. Ao representar uma personagem, o individuo procura pensar e atuar como essa pessoa supostamente o faria numa determinada situação. É este ato de representar que deve ser entendido, segundo Courtney, como o alicerce de toda a ação dramática. É através dele que os indivíduos se envolvem cognitivamente com outras pessoas, as procuram compreender e, fazendo isto, também se compreendem melhor a si próprios. Sobretudo, a representação do outro ajuda a ultrapassar a intolerância e o estereótipo, "permitindo ultrapassar ideias fixas e preconcebidas"[85]. Para Courtney, o processo de representar (de nos colocarmos na pele de outra pessoa) é um ativador primário da aprendizagem. A dramatização transforma o nosso conhecimento e as nossas crenças "provocando mudanças cognitivas que aumentam o nosso potencial para a inteligência"[86].

Courtney relaciona o desenvolvimento dramático com os estádios de Jean Piaget, Lawrence Kohlberg e Erick Erikson, apresentando tabelas detalhadas com os diversos tipos de comportamento cognitivo, moral e emocional que podem ser observados em diferentes fases etárias[87]. Estas interceções teóricas assumem que o drama influencia o desenvolvimento das crianças em múltiplas áreas, por exemplo: na área afetiva, psicomotora, moral, social, linguística e estética.

A criação de um enquadramento que consiga englobar todos os aspetos do comportamento sugeridos por Richard Courtney tornaria a tentativa de análise e registo do progresso das crianças no drama "absurdamente seletivo senão mesmo redutor"[88]. Assim, o trabalho de Courtney sobre a articulação do desenvolvimento dramático com o desenvolvimento psicológico, ainda que possa ser entendido como um avanço teórico significativo, revela pouca utilidade prática ao que realmente acontece na sala de aula.

Após termos resumido algumas das principais ideias de Richard Courtney sobre a articulação do drama com o desenvolvimento psicológico, abordamos seguidamente os estádios que Courtney[89] propõe especificamente para o desenvolvimento dramático (*currículo dramático*):

1) ***Estádio da identificação*** *(0 a 10 meses de idade)*: abrange a perceção, os sentimentos e a aprendizagem acerca do mundo envolvente, usando os cinco sentidos;

2) ***Estádio da representação - A criança como ator*** (10 meses aos 7 anos): a identificação com os outros no âmbito da imitação. Este estágio engloba diversos tipos de brincar dramático mais ou menos estruturado:
   - Representar os seus próprios sentimentos;
   - Brincar simbólico (uso de objetos que representam outros objetos);
   - Brincar sequencial (elaborar ações sobre outras ações, tendo em consideração as causas e os efeitos);
   - Brincar exploratório (explorar fronteiras, contar histórias exageradas);
   - Brincar expansivo (imitar um vasto leque de pessoas, desenvolver o sentido da narração);
   - Brincar flexível (mudança de personagens. Compreender o relacionamento entre pessoas e acontecimentos).

3) ***Estádio do drama grupal - A criança como planeadora*** *(7-12 anos)*: o brincar dramático passa a ser uma atividade

genuinamente social. São realizadas tentativas para estruturar a ação no âmbito das improvisações. A comunicação torna-se mais prevalente;

4) ***Estádio dos papéis - O estudante como comunicador (12-18 anos)***: os estudantes são capazes de explorar e distinguir "papéis aparentes e papéis verdadeiros". Envolvem-se com o pensamento abstrato. Exploram "máscaras sociais". Tornam-se mais conscientes do sentido teatral da representação e da comunicação.

Richard Courtney admite que o currículo dramático deve ser entendido como o enquadramento geral que permite escolher as atividades mais adequadas para cada estádio de desenvolvimento[90]. Faz também notar que os estádios subsequentes contêm, dentro de si, cada um dos estágios anteriores; isto é, o adolescente, como comunicador é ao mesmo tempo um ator e um planificador, necessitando de revisitar constantemente as funções precedentes.

O modelo de desenvolvimento curricular elaborado por Courtney enfatiza o processo de descoberta e crescimento dos alunos pela sua participação nas dramatizações, funcionando o professor mais como um facilitador e questionador do que como um diretor ou instrutor. Courtney partilha com Peter Slade e Brain Way a ideia de que qualquer instrução sobre as técnicas e conhecimentos teatrais só deverá aparecer nos estádios finais do desenvolvimento ou ser introduzido como consequência secundária da exposição dos alunos ao currículo dramático de índole processual.

Como já referimos, embora nas primeiras obras Richard Courtney se tenha centrado essencialmente nos efeitos do drama no desenvolvimento cognitivo, articulando as suas teorias com as obras de autores como Piaget e Kohlberg, para Courtney o drama espontâneo tem sobretudo um efeito holístico no desenvolvimento e na aprendizagem, envolvendo, para além de aspetos cognitivos, processos afetivos, psicomotores e estéticos. Courtney admite que estes quatro modos de pensamento estão intimamente relacionados, não existindo nenhum pensamento inteiramente cognitivo ou afetivo. É simplesmente a ênfase que damos ao pensamento num determinado momento que modifica o seu pendor[91].

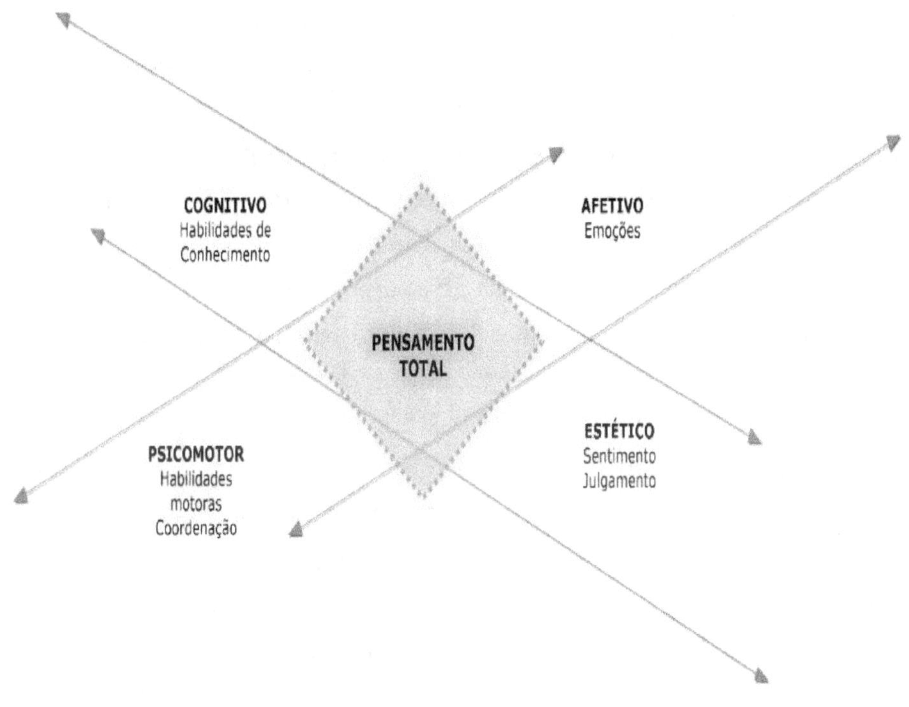


Figura 8 - Modos do pensamento segundo Richard Courtney[92].

Nas suas obras mais recentes, Courtney distingue emoção (o afetivo) de sentimento (o estético). As emoções são indiferenciadas e imediatistas, sendo sempre acerca de alguma coisa em concreto, por exemplo "ter medo de um tigre"[93]. Para Courtney, mesmo em casos extremos, como em algumas desordens depressivas, o medo ou a raiva generalizada são acerca do próprio medo ou da raiva. Por seu lado, os sentimentos são reflexivos. Quando contemplamos o pôr-do-sol, o sentimento vivenciado apresenta-se como uma resposta mais elaborada e reflexiva do que uma emoção. Courtney assume que o pensamento estético implica sentimento e julgamento, denotando algum equilíbrio entre emoção e consciencialização[94]. Courtney envolve-se com uma "teoria estética" (aspas do autor), não no sentido filosófico da perceção e da fruição, mas como "um processo conducente ao sentimento e ao pensamento"[95]. É este enquadramento que permite a Courtney afirmar que o drama educativo deve ser usado principalmente para promover a aprendizagem estética. A *aprendizagem estética* é perspetivada por Courtney como uma mudança no processo de imaginar/pensar exteriorizado pela ação, fazendo com que as crianças aprendam a transformar as emoções em sentimentos que podem ser expressos de forma produtiva e artística. A aprendizagem estética acontece quando as atividades dramáticas promovem os sentimentos, as escolhas, o julgamento e as habilidades para trabalhar no âmbito da dualidade realidade/ficção. Segundo Courtney a aprendizagem estética deve ser entendida como um importante processo de cognição e inteligência, "sendo uma característica exclusivamente humana"[96].

Para além da aprendizagem estética, Courtney assume que o drama promove outros três tipos de aprendizagem, que intitula de intrínseca, extrínseca e artística[97]. A *aprendizagem intrínseca* acontece quando as atividades dramáticas ajudam a melhorar o funcionamento psicológico dos alunos, nomeadamente a perceção, a consciencialização, a concentração, o estilo de pensamento, a expressão, a criatividade, a resolução de problemas, a autoestima, a aprendizagem social e a motivação; fatores estes identificados como importantes para a saúde psicológica e para o desenvolvimento da personalidade. Por seu lado, a *aprendizagem extrínseca* diz respeito à forma como a atividade dramática promove a aprendizagem de conteúdos de outras disciplinas, por exemplo da área da matemática ou das ciências. É consensual admitir-se que as atividades dramáticas possibilitam a aprendizagem de conteúdos não-dramáticos visto induzirem a transferência da aprendizagem do drama para outras áreas do saber. Por último, Courtney apresenta-nos a *aprendizagem artística,* referindo-se à aquisição de conhecimentos e habilidades relacionadas com o domínio técnico e artístico, por exemplo, no que diz respeito à qualidade da representação de personagens, ao som, aos diálogos, ao movimento, à luz, ao enredo e aos contrastes (luz/escuridão, som/silêncio, movimento/quietude, presença/ausência). Sobre a aprendizagem artística Courtney não deixa de ressalvar que o brincar dramático e a improvisação necessitam de ser entendidos como as formas mais apropriadas para promover a educação das crianças, devendo o drama espontâneo estar na base de toda a educação artística e teatral subsequente[98].

É importante referir que para Courtney o modo como os estudantes aprendem no drama (esteticamente, intrinsecamente e extrinsecamente) difere das aprendizagens promovidas por outras disciplinas[99]. Por exemplo, na disciplina de história, os estudantes aprendem sequencialmente, acumulando informação de um modo linear. Porém, no drama e na educação artística os alunos aprendem principalmente a aprofundar os seus sentimentos (*"increasing depth of feeling"*)[100]. Neste caso, a ênfase é colocada mais no processo e no sentimento da experiência de aprendizagem do que na acumulação de informação. O que os estudantes aprendem são as qualidades e significado dos sentimentos. Esta aprendizagem revela-se mais tácita do que explicita. Por esta razão, a aprendizagem dramática torna-se mais difícil de avaliar do que a aprendizagem da matemática ou das ciências.

Courtney afirma que a aprendizagem dramática não se direciona para os conteúdos ou assuntos das dramatizações[101]. Não são os temas das improvisações (família, viagem, etc.) que devem ser tomados como objetivos ou conteúdos da aprendizagem, mas sim os processos mentais inerentes à dinâmica da própria improvisação. O que realmente importa é a forma como o pensamento e a ação se conciliam e desenvolvem. A aprendizagem dramática é alcançada pelo relacionamento entre as premissas e assunções mais ou menos subconscientes e a consciencialização simbólica e metafórica que é despoletada pela ação. O que importa são as perspetivas existenciais que evocam respostas profundas. Ilustrando esta ideia, Courtney afirma que o drama de Hamlet não serve para conhecermos o enredo e as contingências específicas da peça, mas sim para podermos "olhar para nós próprios e para toda a humanidade"[102].

Courtney aponta várias razões que corroboram a ideia de que a atividade dramática melhora o processo cognitivo[103]. Primeiro, porque o drama *melhora o conhecimento*. As pessoas conhecem melhor o que imaginam e atuam. A ação dramática e a representação de papéis baseiam-se "no saber como ser e como fazer"[104]. Segundo, porque a atividade dramática *melhora a aprendizagem*. Aprender é sinónimo de mudança no conhecimento, alcançado através da consciencialização das múltiplas possibilidades de atuação (elemento de transformação dramática); o que induz a própria capacidade de aprender. Courtney chama a este processo aprendizagem intrínseca, isto é, a aprendizagem que desenvolve a capacidade de julgar, de resolver problemas e de motivar para a própria aprendizagem[105]. Terceiro, porque a atividade dramática *melhora a inteligência,* visto ativar as estruturas e as dinâmicas mentais inerentes ao pensamento e ao raciocínio. O drama implica o trabalho com a metáfora, o que melhora a cognição e a inteligência geral pela "promoção do enquadramento fictício contra o qual podemos pôr à prova a nossa perceção direta da realidade"[106].

Em forma de síntese, Courtney considera os seguintes nove pontos como imprescindíveis para se poder compreender a natureza da aprendizagem dramática:

1) Quando a aprendizagem dramática acontece no "aqui e agora", existe uma forte preponderância da aprendizagem subconsciente; porém a aprendizagem consciente e explícita também ocorrem;

2) A mente não tem necessariamente de saber como usa o conhecimento tácito no modo dramático, mas tem de saber que a aprendizagem tácita tem lugar e que é usualmente expressa através do controlo progressivo sobre a emoção;

3) A aprendizagem dramática reflete-se na crescente habilidade em dar significados a símbolos e metáforas usadas com propósitos dramáticos e teatrais;

4) A aprendizagem dramática envolve melhorias nas respostas dos sentimentos, assim como na escolha, julgamento e uso do imaginário;

5) O aprendermos acerca dos elementos tácitos e subconscientes da atividade dramática não nos torna necessariamente capazes de distinguir as suas múltiplas formas. Categorizar, classificar e nomear são elementos discursivos, não operações tácitas. A aprendizagem dramática não se relaciona necessariamente com a capacidade de descre-

ver os acontecimentos de uma forma escrita ou oral, embora, quando as atividades dramáticas são direcionadas para a verbalização, o consigam fazer;

6) A aprendizagem dramática manifesta-se na crescente habilidade para comunicar pensamentos e sentimentos tácitos e subconscientes;

7) A aprendizagem dramática desenvolve as habilidades da criação e da interpretação dramática;

8) A aprendizagem dramática é integrativa e holística. A consciência é seletiva e parcial, mas a mente dramática, baseada primordialmente em processos subconscientes, é mais integrativa do que qualquer outro aspeto do intelecto humano;

9) A aprendizagem dramática aumenta a capacidade para trabalhar com a duplicidade. A tendência de trabalhar simultaneamente com a ficção e a realidade, promovida pela experiência dramática, leva as pessoas a tornarem-se mais conscientes das *metaperspetivas* e dos paradoxos inerentes à vida[107].

A obra de Richard Courtney tem vindo a influenciar o campo teórico do drama e do teatro no que diz respeito à sua aplicabilidade ao desenvolvimento psicológico. Para além da educação, Courtney realizou trabalhos no âmbito da antropologia e da dramaterapia. A sua obra é muito vasta e complexa, estando ainda por realizar um estudo aprofundado sobre o real alcance das suas ideias. Podemos considerar que o grande objetivo de Richard Courtney era fazer do drama uma "ciência humana" com múltiplas aplicações ao estudo do Homem. O drama era perspetivado por Courtney como uma "ciência pura", possuindo um complexo campo teórico e filosófico com fortes ligações a outras áreas do saber.

Richard Courtney pode ser considerado um caso relativamente à parte no que diz respeito às práticas e metodologias educativas. Courtney nunca se assumiu primordialmente como um praticante, mas sim como um académico que, até ao final da sua vida (1997), nunca deixou de se esforçar por elaborar uma vasta e complexa obra sobre as implicações desenvolvimentais do drama.

**Aprendizagem Estética Intrínseca, Extrínseca e Artística**

**DRAMA DESENVOLVIMENTAL**

*Área de Investigação*

**Aprendizagem Dramática**

**Dinâmica dos Processos Mentais**

**Pensamento Total**

**Drama e Desenvolvimento Psicológico**

Figura 9 - Figura resumo: Richard Courtney

Enquanto Richard Courtney se movimentava essencialmente no campo teórico, Peter Slade e Brian Way procuraram sobretudo produzir a interface teórico-prática que incentivasse o desenvolvimento espontâneo através do drama. Foi principalmente sob influência destes dois autores que, ao longo dos anos 60 e 70, foram elaborados numerosos livros que descreviam como o drama na educação permite desenvolver a confiança, encorajar o conhecimento pessoal e incentivar os alunos a cooperar entre si. Deste modo, os professores que apadrinhavam o drama como instrumento de desenvolvimento psicológico tendiam a assumir que a participação dos estudantes nas improvisações era, só por si, promotora do desenvolvimento. Muitos chegavam mesmo a acreditar, tal como Peter Slade, que qualquer interferência no desenrolar espontâneo das dramatizações inibiria a criatividade e o desenvolvimento natural dos estudantes[108].

A partir dos anos 70 começaram gradualmente a levantar-se algumas vozes críticas sobre as perspetivas progressivistas e desenvolvimentistas com que o drama estava a ser implementado nas escolas[109]. Um dos autores a fazê-lo de forma mais consistente foi Dorothy Heathcote, docente da Universidade de Newcastle, que começava a emergir com alguma proeminência no campo.

## 3.4 A Universalidade da Experiência Humana: Dorothy Heathcote

Dorothy Heathcote afirmava, em 1973, que o drama na educação sofria de um psicologismo e progressivismo que limitava as suas verdadeiras potencialidades educativas. Afirmava ainda a autora estar preocupada com a formação de professores, argumentando ser necessário prepará-los para poderem direcionar o drama para as aprendizagens curriculares mais significativas[110].

Em vez de orientar as suas teorias para as questões de pendor mais psicológico, Heathcote defendia que o drama escolar deve ser essencialmente usado como uma ferramenta pedagógica desencadeadora de novas compreensões sobre uma diversidade de assuntos de âmbito curricular[111]. Os que conheciam as práticas de Heathcote verificavam a sua tendência para intervir como personagem no desenrolar do drama das crianças. Notavam que as suas intrusões desafiavam e moldavam as ideias dos estudantes. Para os professores que se baseavam exclusivamente no não-intervencionismo protagonizado por autores como Peter Slade e Brian Way, tudo isto parecia de algum modo desadequado. A mudança de paradigma que começava a desenhar-se era evidente. A manipulação das improvisações protagonizada por Heathcote passou a ser encarada como uma forma de ajudar os estudantes a aprofundarem as dramatizações, permitindo-lhes alcançar níveis de aprendizagem mais autênticos e profundos[112].

Embora Heathcote seja reconhecida como uma das educadoras mais importantes e inovadoras do sec XX, não chegou a escrever qualquer monografia de fundo sobre a sua metodologia[113]. As suas ideias foram sobretudo apresentadas em aulas abertas com crianças, presenciadas pelos professores em formação. Esta forte ligação com a prática está patente no estilo de escrita muito pessoal com que Heathcote elaborava os seus textos, recheados de exemplos práticos e de conceitos que a autora criava ou adaptava livremente das artes e das ciências humanas. Para além de ter implementado o drama numa grande variedade de contextos escolares e académicos, Heathcote também trabalhou em instituições de ensino especial, hospitais e prisões[114].

Muitas das práticas de Heathcote foram registadas em vídeo, tendo a autora gravado, durante os anos 80 e 90, diversos documentários para a televisão estatal britânica (BBC). *Teacher*, título de um desses programas, apresenta uma classe de alunos do *1º Ciclo do Ensino Básico* a gerirem ficticiamente uma fábrica de sapatos, sendo uma demonstração do que Heathcote intitulou de "mantle of experts"[115]. *Mantle of experts* é uma das propostas metodológicas mais inovadoras de Heathcote, através da qual os alunos são levados a assumir o papel (*manto ou toga*) do especialista, envolvendo-se na realização de projetos dramáticos como se fossem profissionais experientes. Através do *mantle of experts* Heathcote induzia as crianças a explorarem e resolverem dramaticamente assuntos que tocavam diversas áreas do currículo[116].

A um nível mais imediato e superficial, somos levados a admitir que Heathcote concebe o drama na educação como um instrumento promotor da aprendizagem interdisciplinar, servindo, por exemplo, para ensinar conteúdos escolares, tal como o conceito de forma, tamanho e cor, ou para motivar os estudantes para a aprendizagem de línguas estrangeiras. Porém, segundo Wagner, na sua essência, Heathcote perspetiva o drama na educação como uma disciplina cuja primordial função prende-se com a exploração da "universalidade da condição humana"[117]. Sob este assunto Heathcote afirma que a forma pode obscurecer o significado, como por exemplo na parábola do semeador, onde a forma, uma história agrícola simples, subentende um significado velado e mais importante que é a salvação do Homem. Para a autora, as artes, tal como as parábolas, possibilitam diferentes níveis ou camadas de interpretação, necessitando, por vezes, os significados mais profundos de ser explorados com ajuda do trabalho interpretativo dinamizado por indivíduos mais experientes. Heathcote operava de uma forma semelhante. Enquanto promovia a aprendizagem sobre um determinado conceito curricular, estava também a fomentar a exploração do mundo interno (significado) dos comportamentos humanos. Este mundo interno podia dizer respeito a um aspeto da vida de um indivíduo ou de um grupo. Por exemplo, numa aula sobre os efeitos que a cegueira adquirida provoca numa pessoa recentemente cega, Heathcote criaria um momento dramático onde os estudantes eram levados a constatar que a experiência interna do pensamento desse sujeito particular seria, em grande parte, semelhante à de todos os homens que tivessem vivenciado o mesmo tipo de condição desde tempos imemoriais[118].

Podemos então admitir que Heathcote perspetiva o drama na educação como um processo que permite conduzir os conhecimentos que os indivíduos já possuem para níveis de compreensão humanamente mais universais; o que implica que o material a usar nas aulas deve conter, desde logo, o potencial para incentivar a reflexão sobre a experiência humana. Devemos fazer notar que Heathcote normalmente não usava enredos pré-determinado como proposta de trabalho. Ela podia aparecer numa sala de aula somente com uma ideia, uma questão, desenvolvendo todo o trabalho educativo a partir daí. Heathcote podia iniciar uma aula realizando uma curta pantomima, como por exemplo descascar uma batata e perguntar: "eu acredito nesta faca e nesta batata, e vocês?"[119]. Logo que todos os participantes estivessem comprometidos de forma evidente "no faz de conta", o drama poderia então induzir um ambiente de aprendizagem adjetivado por Heathcote de "educacionalmente explosivo"[120]. Só após a intenção de *suspender o descrédito*[121] estar assegurada, Heathcote passava então a requerer dos estudantes ideias para o drama, resfriando o seu próprio conhecimento; oferecendo, em vez disso, os seus sentimentos, as suas respostas e as sua capacidade de indução como atriz e encenadora. Ainda que normalmente Heathcote aceitasse e adaptasse tudo o que os estudantes ofereciam para a construção do drama, corrigiria, desde logo, as sugestões que entendesse poderem interferir com as crenças dos outros, que não pudessem vir a ser incorporadas nas dramatizações sem prejudicar o foco dramático, ou que "interferissem negativamente com a possibilidade de dramatizar um determinado período histórico com exatidão"[122].

Heathcote manipulava intencionalmente todo o processo de criação dramática. Interferia no drama de modo a incentivar a reflexão dos estudantes. Fazia abrandar ou parar a ação e introduzia questões e comentários para facilitar a compreensão mais aprofundada das problemáticas e dos sentimentos. Segundo Betty Wagner e Alistair Muir a intromissão intencional nos esquemas estáveis da perceção da realidade, sejam pessoais, sociais, emocionais ou intelectuais, é comum no teatro, particularmente pelo uso das técnicas *brechtenias* do distanciamento[123].

Heathcote utilizava uma variedade de métodos para escolher e desenvolver com os alunos os temas que iam ser trabalhados nas aulas. Um destes métodos, denominado "códigos da irmandade" (*brotherhood codes*), recorre a associações entre temas e contextos de modo a ultrapassar o óbvio e o superficial. Podemos dar como exemplo uma atividade do dia-a-dia: lavar os pratos. Aplicando os códigos da irmandade, esta atividade simples passa a ser explorada no âmbito da "irmandade de todos os que limpam", podendo ser associada a múltiplas situações, tal como um soldado a limpar uma arma ou um padre a celebrar um batismo[124]. A lavagem dos pratos pode também relacionar-se com todos os que trabalham usando as mãos e utensílios: um joalheiro a produzir joias, um químico a manipular os tubos de ensaio ou um cirurgião a operar. No mesmo sentido, o momento em que os astronautas se preparam para ser lançados no espaço pode ser associado a diferentes irmandades: à irmandade dos que partem para o desconhecido, dos que partem sem saber se vão voltar, à irmandade dos que se aventuram, dos que carregam as suas próprias casas, sejam campistas modernos ou Moisés e os israelitas. Através dos códigos da irmandade, cada situação, por mais simples que seja, passa a revelar centenas de possibilidades, podendo cada uma delas trazer mais material para o drama[125].

A descoberta de múltiplas semelhanças entre dois atos que se revelam aparentemente diferentes e a focagem na experiência interna das personagens é fulcral na metodologia de Heathcote, permitindo direcionar o drama para todas as épocas, circunstâncias e estratos sociais. Para Heathcote "os códigos da irmandade" devem ser usados pelos professores para transcender a noção de que o drama diz respeito à simples representação de uma história, fazendo-o "alcançar a riqueza da experiência humana na sua totalidade"[126]. A exploração dos fatores internos subjacentes às ações dramáticas facilita a identificação, a reflexão e a focagem, ajudando a despoletar a tensão dramática. A dinâmica interna das personagens torna as situações mais dramáticas, mais tensas e educativamente mais significativas.

Heathcote assumia que são os processos subjacentes à exploração do relacionamento significativo entre ações aparentemente diferenciadas o que realmente permite criar novas perspetivas no pensamento das crianças. Ainda que, numa primeira abordagem, as situações possam parecer afastadas, tanto no tempo como em relação às circunstâncias pessoais das crianças, a consideração dos aspetos comuns da vivência interna das personagens permite que a criança focalize a sua reflexão e progrida na consciencialização e na aprendizagem.

Heathcote também utilizava os *códigos da irmandade* para isolar os elementos significativos do trabalho dramático que podem ser usados como elo de ligação entre as diversas aulas. Após a dramatização da vida de Galileu, Heathcote poderia dizer: "este homem estava em irmandade com todos os que deliberadamente foram colocados à parte pela sociedade por pensar de forma diferente"[127]. Deste modo, os estudantes eram convidados a refletir sobre outros contextos onde este tipo de circunstância fosse significativo, podendo escolher um novo tema para dramatizar na aula seguinte. Assim, o drama da aula seguinte poderia parecer diferente, visto abordar outro assunto, contudo, internamente, seria acerca da mesma problemática. Através desta estratégia os alunos eram levados a manter o nível de identificação alcançado anteriormente, não sentindo que estavam a trabalhar em aulas diferentes o mesmo tipo de assunto. Ao perspetivarem o problema sob um novo ângulo, enquadrando-o num novo contexto, os alunos aprofundarem os seus pontos de vista e desenvolverem novas perspetivas sobre as problemáticas dramatizadas.

Na identificação e exploração dos temas para trabalhar com os alunos Heathcote usava frequentemente um processo a que chamou de "segmentação". Através da segmentação, o assunto geral para o drama, derivado do currículo escolar ou proposto pelos alunos: fosse a Idade Média, um desastre de avião ou a vida dos piratas, é dividido em diversos componentes. Quando estava a elaborar a segmentação – que num primeiro momento realizava sozinha em pensamento e não em frente à classe – Heathcote utilizava, como referência conceptual, as áreas que considerava existirem em todas as culturas e que assumia serem: o comércio, a comunicação, o vestuário, a educação, a família, a alimentação, a saúde, as leis, o lazer, o abrigo, as viagens, a guerra, o trabalho e a veneração[128]. Segundo Heathcote, todos os temas dramáticos contêm estes diversos aspetos da vida do Homem. A segmentação dos assuntos nas suas diferentes componentes permite ao professor questionar a classe de modo a encontrar o momento específico com possa induzir a tensão para dar início ao drama propriamente dito. Quantos mais segmentos um professor seja capaz de descortinar sobre um determinado assunto, mais flexível pode ser na seleção dos temas que melhor podem servir as necessidades dos alunos. Cada segmento representa um aspeto da vida dos personagens ou dos assuntos a abordar, implicando um enredo muito flexível e aberto. Os segmentos revelam-se um recurso muito útil para a focagem do drama, ajudando a restringir a dispersão. Mesmo durante as dramatizações, quando é necessário mover o drama para outros campos, através da segmentação o professor passa a dispor dos diversos componentes do assunto que pensou antecipadamente, podendo usá-los para desenvolver um novo foco dramático[129].

Com a sua metodologia, Heathcote não pretendia melhorar as capacidades de representação dramática dos alunos. Pretendia sobretudo promover o acesso das crianças à compreensão dos dilemas e problemáticas humanas. Logo que fosse conveniente, Heathcote passava a encaminhar as dramatizações para o que entendia ser mais fundamental e humano nas situações, não se preocupando com o exterior do drama ou com a qualidade artística da representação[130]. Heathcote entrava frequentemente como personagem na história (*Teacher-in-Role*) retardando a ação, exigindo reflexões sobre o que se estava a passar. Se a classe não conseguisse alcançar um bom nível de reflexão, Heathcote recuava os acontecimentos, procurando novas oportunidades para promover o pensamento. Podia, por exemplo, pedir aos estudantes para dizerem aos colegas o que sentiam sobre o que tinha acontecido ou para repensarem as implicações das suas dramatizações. Para Heathcote, o aprofundamento do nível do drama é algo que a classe não consegue realizar sem a ajuda do professor. Sem o caminhar para a experiência humana universal, Heathcote não via nenhuma razão para praticar o drama na educação[131].

Figura 10 - Figura resumo: Dorothy Heathcote

## 3.5 *Educação e Arte Dramática: David Hornbrook*

David Hornbrook, o último autor a quem dedicamos um espaço próprio neste trabalho, apresenta-se como um fervoroso crítico do que considerava serem as teorias do drama na educação dominantes na segunda metade do séc. XX. Podemos mesmo considerar a sua obra: *Education and Dramatic Art*[132]; como uma espécie de manifesto onde se elabora um ataque cerrado aos progressivistas e defensores do drama como processo, chegando mesmo a roçar a jocosidade quando critica as ideias de Dorothy Heathcote e David Bolton, seu fiel discípulo.

Segundo Hornbrook, a perspetiva progressivista, que vinha a marcar sobremaneira o drama na educação, defendia que o drama nas escolas tem por objetivo "libertar os estudantes dos esquemas convencionais do ensino aprendizagem" de forma a promover a expressão idiossincrática de ideias e sentimentos[133]. Os teóricos do drama como processo, especialmente Dorothy Heatcote, perspetivavam o drama como uma espécie de atividade de resolução de problemas que promove o desenvolvimento de novas atitudes perante os dilemas humanos e incrementa a comunicação e a cooperação. Porém, para Hornbrook, o levantar-se, afastar as cadeiras e atuar através de jogos é o que realmente caraterizava o drama progressivista, excluindo, por razões ideológicas e de seguidismo retrogrado, qualquer outro tipo de metodologia. Ainda que Hornbrook admitisse que as teorias de Heathcote, tal como o "teacher-in-role", tivessem ajudado a afastar a improvisação gratuita que caracterizavam muitas das práticas progressivistas dos anos 70, este facto não explicava, só por si, a enorme influência que as ideias e a personalidade de Heathcote tiveram no campo teórico-prático do drama na educação durante as décadas de 80 e 90. Para o autor, tal como a personalidade de Peter Slade foi marcante para a adoção generalizada do drama progressivista, Dorothy Heathcote soube impor, através do carisma da sua personalidade, a noção de que o drama é essencialmente um instrumento pedagógico ao serviço da interdisciplinaridade e da exploração de dilemas humanos. Hornbrook é da opinião de que o seguidismo militante das ideias de Heathcote, que assume ter sido penoso para o desenvolvimento da disciplina, não se justifica somente por razões de ordem teórica ou académica, mas sobretudo por Heathcote ter sido adulada numa espécie de "devoção religiosa" assente no "culto da personalidade"[134].

Hornbrook chega a revelar-se demasiado extremista nas críticas que tece aos progressivistas e aos defensores do drama como processo, não reconhecendo qualquer mérito no vasto trabalho que produziram. O seu ponto de vista tende mesmo a radicalizar-se para o lado da intolerância, fazendo crescer a diatribe entre o drama ao serviço do desenvolvimento psicológico e da aprendizagem interdisciplinar e o drama como produto artístico que deve ser estudado de forma independente e por direito próprio. David Hornbrook posiciona-se claramente nos antípodas do drama como processo. No centro das suas preocupações está a introdução à arte dramática, entendida como uma disciplina emancipada que contém conteúdos e processos particulares. Para Hornbrook, a educação só acontece se o drama promover a criação, a representação e a apreciação de trabalhos teatrais; o que, como facilmente percebemos, revela-se axiomaticamente diferente das propostas de Slade, Way, Courtney e Heathcote[135].

Embora fortemente criticado por muitos apologistas do drama como processo, algumas vezes de um modo tão duro e radical como o que usou para os criticar, Hornbrook apresentou nas suas diversas obras elementos importantes para a atual conceção do drama na educação[136]. Em *Education in Drama: Casting the Dramatic Curriculum*[137] o autor elaborou um enquadramento teórico e metodológico que, segundo a sua opinião, permite introduzir os estudantes ao mundo da cultura teatral, ou seja, permite torná-los "literatos" na arte dramática (Stage *Literate*)[138]. Podemos considerar que esta ideia se aproxima da noção de literacia artística tal como é atualmente apresentada nos currículos prescritos das diversas especialidades da educação artística.

Avocando que vivemos num mundo dramático, Hornbrook assume que o drama na educação deve ser usado para tornar os estudantes mais conscientes e informados sobre as estruturas dramáticas da vida[139]. Para o autor, o drama na educação deve ser perspetivado essencialmente como um indutor cultural, através do qual os estudantes podem aceder aos conhecimentos e experiências que permitem o seu desenvolvimento como "utilizadores e observadores informados da arte dramática"[140]. Ao arrepio das conceções mais progressivistas e processuais do drama na educação, David Hornbrook procura sobretudo criar uma metodologia para fazer progredir os estudantes no âmbito da apreciação e produção teatral. Em traços gerais, a *metodologia hornbrookiana* prende-se com o desenvolvimento das habilidades necessárias para *criar, apresentar e fruir a arte dramática* (*making, performing and responding*)[141].Hornbrook está convicto de que o drama na educação deve basear-se essencialmente nos processos inerentes à produção e apreciação da arte dramática, processos esses que incorporam a criação de enredos e personagens, a apresentação teatral e o desenvolvimento de uma postura crítica e informada por parte do público.

Para Hornbrook todos os dramas, quer digam respeito aos rituais religiosos, ao teatro profissional ou à improvisação na sala de aula, assentam no desenrolar de narrativas[142]. A narrativa dramática, simples ou complexa na sua estrutura, é genericamente denominada de texto. O termo texto não se refere às palavras escritas numa página (guião ou peça dramática na sua forma literária) mas é usado como sinónimo de *performance*. Segundo o autor, o texto diz respeito aos elementos da representação, englobando a multiplicidade de meios sonoros, visuais e linguísticos que o público "lê" ao presenciar uma dramatização[143]. Para se referir ao material escrito de suporte à dramatização, quer às peças publicadas quer aos registos mais genéricos com indicações sobre ações e enredos, Hornbrook utiliza o termo notação (de forma semelhante ao modo como é compreendido na música e na dança) [144]. O termo notação é também usado por Hornbrook para designar o registo escrito das indicações que um professor dá aos seus alunos durante uma improvisação na sala de aula. Perspetivada deste modo, a notação passa a abranger um vasto leque de possibilidades. Nas aulas de drama os estudantes podem utilizar peças publicadas (que interpretam e produzem em texto dramático) ou elaborarem, eles próprios, a notação sob a forma de notas, guiões e esquemas mais ou menos pormenorizados. Quer se trate do registo esquemático das ideias dos estudantes ou da base literária do teatro (escrita dramatúrgica), a notação, enquanto não for encenada, é considerada somente um guião, isto é, um registo escrito e não dramático[145].

Hornbrook utiliza o termo produção para designar o processo de criação teatral (possivelmente com ajuda da notação). Por sua vez, a ação dramática, ou como Hornbrook lhe chama "o texto", é recebido pela audiência - "seus leitores" - fazendo despoletar a interpretação e o julgamento[146].

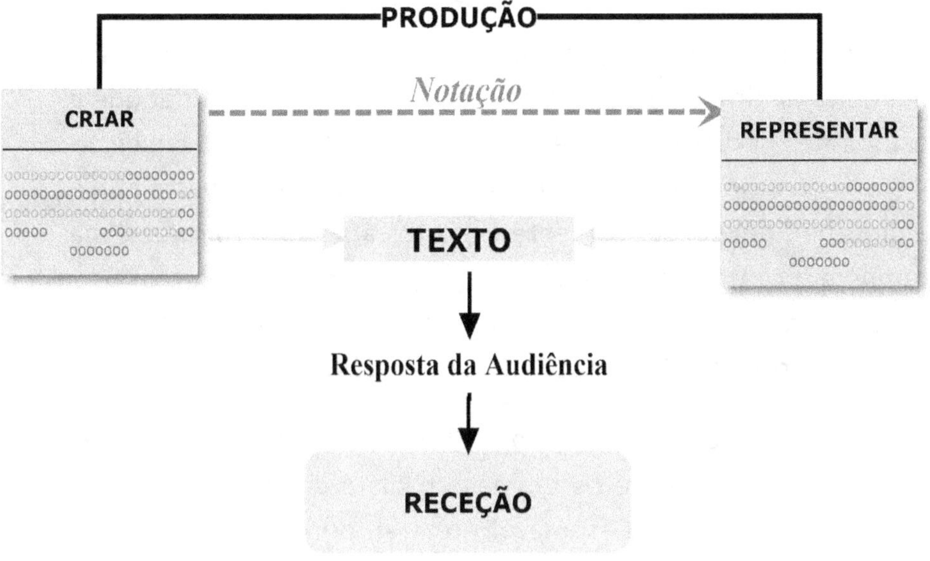


Figura 11 - Enquadramento da arte dramática segundo David Hornbrook[147].

Na metodologia proposta por Hornbrook os estudantes podem envolver-se na produção do texto dramático de diversas formas. No caso da simples improvisação, a notação poderá não ser necessária[148]. Porém, logo que a improvisação passe a ter como objetivo a criação de cenas para serem posteriormente ensaiadas e apresentadas, os alunos podem sentir necessidade de anotar as suas ideias de modo a elaborar um guião que os ajude a estruturar a *performance*. Para os estudantes mais maduros, a notação pode adquirir a forma de um guião mais complexo, incluindo elementos de sonoplastia e luminotecnia. Segundo Hornbrook "quanto mais sofisticado for o processo de produção, mais se aproximará da produção teatral"[149].

Hornbrook é apologista do uso de notações de diversos tipos nas aulas de drama, incluindo peças escritas, visto entender que os estudantes necessitam de ser introduzidos à "longa e diversificada história do drama como cultura"[150]. Porém, o autor adverte que os alunos não devem ser somente expostos a peças publicadas, mas também incentivados a representar a partir delas. Desde os nove anos de idade que as crianças devem ser estimuladas a anotar tanto o seu próprio trabalho dramático como o dos seus colegas.

Para Hornbrook, tal como já afirmámos, todas as manifestações dramáticas, desde os dramas do dia-a-dia até aos modelos mais convencionais do espetáculo teatral, podem ser entendidos como "texto"[151]. Assim, o autor propõe uma classificação do texto dramático segundo três categorias: "o texto de palco, o texto eletrónico e o texto social"[152]. "O texto de palco" ocorre quando o relacionamento entre o ator e a audiência é claramente identificado, especialmente quando a dramatização acontece ao vivo e decorre num espaço físico próprio (palco), como é o caso da peça escolar e do teatro tradicional. Segundo Hornbrook, a improvisação na sala de aula também deve ser classificada como texto de palco, visto assentar num conjunto de normas teatrais que determinam o relacionamento entre os atores e o público. Como todos os textos, para poder ser "lido" pela audiência, o texto de palco requer a aprendizagem de um conjunto de convenções. Uma dessas convenções diz respeito à qualidade da dicção dos atores. Por seu lado, "o texto eletrónico" permite ao drama manter algum grau de permanência por meios tecnológicos; englobando a televisão, a rádio e o cinema. Hornbrook sugere que o noticiário, visto envolver protagonistas e guiões, pode também ser entendido como texto eletrónico. A última categoria que o autor define como "o texto social ou sociedade dramatizada", abarca as ocorrências do dia-a-dia que, embora não sejam identificadas de imediato como dramas, evidenciam as características da atuação dramática, tal como acontece num tribunal ou num casamento.

Hornbrook defende que o seu "modelo do drama como texto" é suficientemente abrangente para incorporar todos os tipos de dramatização com os quais as pessoas se envolvem ao longo da vida[153]. Ao perspetivar a improvisação na sala de aula e o drama televisivo como "textos", que podem ser lidos e descodificados, Hornbrook procura dar tanta importância aos produtores da arte dramática como aos seus fruidores ("leitores ou audiência"[154]). O modelo do drama como texto (que considera a improvisação como um tipo particular de texto de palco) coloca os atores e a audiência no centro das aulas de drama, permitindo ultrapassar o medo generalizado de que a arte dramática pode facilmente resvalar para o exibicionismo sem valor pedagógico – *showing off* [155]. Acima de tudo, o modelo educativo do "drama como texto" sublinha a importância da aprendizagem das "técnicas, géneros e habilidades teatrais", o que, para Hornbrook, tal como já afirmámos, está intimamente relacionado com os processos de produção e fruição da arte dramática[156].

No âmbito da produção (termo geral que inclui a criação e a representação – *making and performing*"), Hornbrook aponta como áreas potenciais de aprendizagem as seguintes: 1- investigar (explorar a viabilidade das ideias); 2- experimentar (tentar implementar as ideias); 3- estruturar (dar forma à peça); 4- encenar (fazer a peça funcionar); 5- modificar (melhorar a peça); 6- ensaiar (determinar a peça); 7- administrar (organizar os meios de produção); e

8- apresentar (contar a história). No âmbito da receção, Hornbrook aponta como áreas potenciais de aprendizagem as seguintes: 1- impacto (reação inicial à peça); 2- estrutura (elementos dramatúrgicos e cenográficos da peça); 3- representação (trabalho dos atores); 4- música e efeitos (elementos de sonoplastia e luminotecnia); 5- administração (elementos da organização e produção); e 6- interpretação (significado da peça).

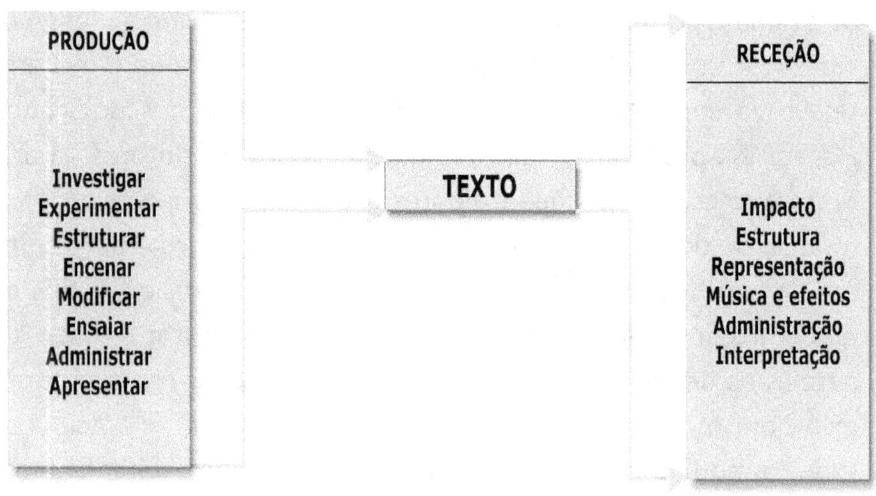


Figura 12 - A aprendizagem da arte dramática segundo David Hornbrook[157].

Durante o processo de produção dramática David Hornbrook procura levar os estudantes a imaginarem as circunstâncias de um determinado acontecimento de modo a elaborem uma peça para apresentar ao público. O assunto pode ser um tema do dia-a-dia ou uma peça publicada. Os estudantes são encorajados a criar enredos e personagens, assim como a avaliar a qualidade e exequibilidade das suas ideias. Diferentemente da metodologia de Dorothy Heathcote, onde os temas são explorados tendo em conta a riqueza da vivência psicológica e social das situações, como por exemplo: o deixar a casa, o pioneirismo ou a imigração; em Hornbrook a exploração do mundo interno das personagens é realizada tendo essencialmente em vista a qualidade artística do produto final. Neste caso, a vivência psicológica dos personagens é considerada importante somente na medida em que os estudantes necessitam de a compreender para melhor conseguirem dramatizar o enredo.

Devido ao intenso contacto com o cinema e a televisão, Hornbrook considera que todas as crianças possuem uma conceção complexa e sofisticada do vocabulário e das convenções do texto eletrónico, podendo isto notar-se nas improvisações dos estudantes menos experientes nas artes do palco, que tendem a recriar enredos e personagens estereotipadas e a usar o espaço cénico de uma forma bidimensional[158]. Assim, para o autor, o enquadramento interpretativo do texto eletrónico não se apresenta como o mais adequado para a correta apreciação do texto do palco, visto o texto de palco revelar as complexidades de uma atuação dramática em tempo real. Para Hornbrook "quanto melhor compreendermos as convenções do texto do palco mais profundamente nos envolveremos com o drama" [159].

De forma a desenvolver a capacidade de apreciar a arte dramática, Hornbrook propõe uma série de questões guia que podem ser adaptadas conforme as idades e contextos de aprendizagem[160]. Por exemplo, sobre o impacto inicial da obra, o autor propõe que se pergunte aos estudantes como reagiram ao observar a peça, quais as partes que consideram mais interessantes e as mais aborrecidas, etc. No que diz respeito à estrutura da peça propõe que se pergunte sobre a qualidade da representação, o uso da música e dos efeitos. O autor também sugere uma serie de *questões guia* para incentivar a reflexão e a aprendizagem: como é que as luzes e o som foram usados para estruturar e enriquecer a peça? Como é que os atores caraterizaram as personagens? Que qualidade teve a dicção? Que estilos de representação foram usados? Etc. Hornbrook sublinha que as perguntas devem ser elaboradas de modo a incentivar respostas que incluam significados-chave em relação à cenografia, à representação, aos efeitos e à organização geral da peça. A interpretação dos estudantes basear-se-á, necessariamente, nos conhecimentos que já possuem sobre as técnicas e a linguagem dramática, assim como em outras referências externas que podem ajudar a fundamentar e enriquecer os seus próprios pontos de vista. As questões devem sobretudo ser elaboradas de modo a desenvolver nos estudantes uma atitude crítica e interpretativa.

Figura 13 - Figura resumo: David Hornbrook

# Cap. 4 As Convenções Dramáticas como Instrumento Estético-Pedagógico

Como se pode verificar em qualquer dicionário, a palavra convenção é usada na linguagem corrente para designar uma reunião entre pares ou um comportamento protocolar normativo. No âmbito específico do léxico teatral, a palavra convenção é utilizada para referir "o conjunto de pressupostos ideológicos e estéticos, explícitos ou implícitos, que permitem ao espectador receber o jogo do ator e a representação"[161]. Mesmo no que diz respeito à arte teatral, o conceito convenção apresenta-se muito abrangente, englobado todo o conjunto de técnicas, processos e estratégias que permitem manipular os elementos dramáticos do tempo, do espaço e da presença humana.

De uma forma geral, a "suspensão do descrédito" é assumida como a convenção mais básica e universal do teatro[162]. Entende-se por "suspensão do descrédito" a capacidade do ser humano imergir no "faz-de-conta"; capacidade essa que permite aos espectadores vivenciarem as situações imaginárias como se fossem reais. Por exemplo, ao assistirmos a um assassinato cruel ou a uma paixão avassaladora no palco ou no cinema, tendemos a reagir como se estas situações estivessem realmente a acontecer. O terror e o suspense são exemplos claros de propostas dramáticas assentes na suspensão do descrédito cuja manifestação só ocorre com base no "acordo implícito" bem firmado entre o criador e o público.

Na arte teatral, como facilmente se depreende, as convenções não são estáticas ou universais. Dependem das culturas, épocas e géneros artísticos a que se reportam. Sabemos que as estéticas teatrais baseiam-se deliberadamente em determinadas convenções que tipificam os géneros dramáticos. A *Commedia Dell`arte*, por exemplo, é tradicionalmente elaborada com base em determinadas convenções que dão significado às máscaras, aos personagens e aos enredos[163]. Por seu lado, o teatro asiático Noh ou kathakali revelam um conjunto de tradições e convenções que são normalmente incompreensíveis para o público ocidental. A dança teatral indiana (Kathakali) baseia-se em gestos muito precisos com as mãos, chamados mudras, que possuem uma grande multiplicidade de significados e metáforas culturalmente específicas[164].

Podemos ainda referir, como apontamento histórico, que no teatro Isabelino do Século XVI estava genericamente convencionado que os atores masculinos representavam as personagens femininas, tal como é retratado no filme "A Paixão de Shakespeare" do realizador John Madden. Contudo, a convenção do travestismo masculino continua a ocorrer nos dias de hoje no teatro Noh japonês, onde, tradicionalmente, o palco está vedado às mulheres. O realismo teatral do início do séc. XX (cujas metodologias de formação de atores e de representação ainda perduram nas produções televisivas da atualidade) pode ser entendido, de certo modo, como uma eficaz tentativa de destronar as convenções de estilização que se interpõem entre a representação e a vida real. No século passado, para alcançar o naturalismo, os encenadores recorreriam frequentemente à convenção da quarta parede. Posteriormente, e de modo a ultrapassar a estética naturalista vigente na altura, o teatro épico brechteniano e outras formas do teatro moderno e pós-moderno, ainda que com intuitos muito diversificados, passaram a manipular e a combater as convenções tradicionais do realismo teatral, evidenciando-as e desmistificando-as perante o público, dando origem a novas convenções. Ou seja, a história do teatro, e de um modo geral a história da arte, está repleta deste tipo de dialética: das convenções formam-se normas que se generalizam, sendo posteriormente violadas pela criação de novas convenções que formam novas normas e assim sucessivamente[165].

O conhecimento das convenções é primordial tanto para a criação como para a fruição teatral. Podemos mesmo afirmar que o conhecimento das convenções e das técnicas teatrais, conjuntamente com noções históricas, psicológicas e filosóficas sobre as problemáticas humanas dramatizadas, são o que verdadeiramente possibilita a criação e a fruição da arte teatral. Devemos notar que as convenções encontram-se frequentemente mais veladas do que explícitas, estando de tal modo interiorizadas pelos artistas e pelo público que por vezes só são decifráveis após um esforço de análise e interpretação[166].

Ao direcionarmos a nossa atenção para o campo pedagógico, somos levados a inferir que a relatividade cultural das convenções teatrais apresenta algum paralelismo com o trabalho educativo. Algumas convenções dramáticas são mais facilmente aceites do que outras, visto serem amplamente veiculadas através da televisão. Esta constatação poderá ajudar a compreender o motivo porque as crianças tendem a adotar o estilo naturalista de representar e a usar implicitamente a convenção da quarta parede. Do mesmo modo se justifica a aparente facilidade com que as crianças aceitam a convenção do *flash-back* e assumem papéis imaginários. É facilmente compreensível que a suspensão do descrédito surja naturalmente nas crianças, visto ter a sua génese nas experiências precoces e espontâneas do brincar simbólico. Sobre este assunto Mike Fleming chega mesmo a admitir que a origem natural e espontânea de algumas convenções dramáticas poderá ter contribuído para que o ensino do drama seja tão subestimado em muitas escolas[167]. Segundo a sua opinião, a subvalorização do drama na educação decorre da perceção impressionista e limitada, por parte de alguns responsáveis educativos, de que as habilidades dramáticas surgem naturalmente nas crianças, não necessitando por isso de ser ensinadas. Pelo nosso lado, como educadores informados, temos de admitir que as crianças não aceitam nem utilizam todas as convenções de igual modo; o que nos permite afirmar que a introdução às convenções dramáticas deve fazer parte do trabalho escolar. Só deste modo os alunos poderão efetivamente alcançar um maior nível de compreensão e controlo da arte dramática.

## 4.1 As Convenções no Âmbito do Drama na Educação

A visão longitudinal do drama na educação não vislumbra a palavra convenção no léxico inicial da disciplina; ainda que, tal como pudemos verificar, os autores pioneiros se esforçassem por edificar os princípios teóricos e as metodologias que, a seu modo, consideravam melhor servir o drama e o teatro em contexto escolar. Também constatámos que as elaborações teóricas e metodológicas mais antigas do drama na educação não emergiram da arte teatral, até porque, de uma forma geral, os primeiros estudiosos defendiam o afastamento da arte infantil de qualquer referência cultural e técnica externa. Durante a primeira metade do séc. XX, o campo epistemológico do drama na educação alimentava-se essencialmente das teorias do jogo e da psicologia dinâmica, teorias essas que influenciavam transversalmente todas as correntes pedagógicas mais inovadoras da época.

Também tivemos oportunidade de referir como, durante os anos 60, as ideias de cariz romântico foram aprofundadas por Brian Way. A sua obra, *Development Through Drama*, publicada em 1967, tornou-se extremamente popular na altura, visto ter oferecido uma metodologia passível de ser aplicada na sala de aula. A estruturação do drama educativo com base em atividades bem delimitadas e com objetivos precisos, tal como foi proposto por Way, generalizou-se nas produções bibliográficas, fazendo com que os professores começassem progressivamente a encarar o jogo dramático como a forma mais controlável de implementar o drama em contexto escolar. Porém, nos anos 70, essencialmente sob influência de Heathcote e Bolton, verificou-se um salto qualitativo no modo de conceber e implementar o drama nas escolas. O drama na educação tornou-se sobejamente mais complexo. Embora estes autores não tivessem introduzido peças escritas ou a produção de espetáculos como possibilidade curricular; especialmente Dorothy Heathcote, como tivemos oportunidade de referir, idealizou processos de intervenção educativa baseados na sua experiência como atriz, fomentando metodologias onde os professores desempenhavam um papel ativo e primordial na condução dos enredos. O drama na educação passou então a ser encarado por muitos professores generalistas, principalmente pelos que não possuíam grande experiência na arte dramática, como difícil, senão mesmo impossível de implementar. Ainda assim, esta renovada forma de conceber o drama na educação, genericamente designada por "drama processual", foi prontamente adotada por diversos praticantes e académicos. Podemos destacar Jonothan Neelands, nomeadamente pela síntese que produziu nas obras *Making Sense of Drama: A Guide to Classroom Practice*, de 1984, e *Structuring Drama Work: A Handbook of Available Forms in Theatre and Drama*[168]. A última obra, escrita em parceria com Tony Goode, procurou sobretudo ajudar os professores a melhor compreenderem e dominarem a complexa arte do drama na educação. O manual é constituído por uma série de fichas onde as diversas convenções dramáticas e teatrais são descritas e classificadas tendo em conta os seus propósitos educativos.

A incorporação de conceitos e processos teatrais no campo epistemológico do drama na educação, juntamente com a evolução da própria arte teatral e o concomitante desenvolvimento do drama aplicado, promovido, só para dar dois exemplos, pelo Fórum Teatro de Augusto Boal e pelo Sociodrama de Jacob Moreno, acrescentada ainda pelas propostas curriculares baseadas na produção e apreciação artística de David Hornbrook, enriqueceram extraordinariamente o campo curricular e a didática do drama na educação.

As propostas de organização curricular baseadas nas convenções dramáticas e teatrais têm vindo a destacar-se, apresentando-se atualmente como um importante tópico da literatura especializada e uma metodologia referida nos curricula dos países onde o drama na educação se encontra mais desenvolvido.

## *4.2 Classificação das Convenções Dramáticas e Teatrais*

No âmbito do drama na educação, o termo convenção tem sido usado para referir o modo como os participantes são organizados nas oficinas, como se utilizam determinadas atividades auxiliares (e.g. a escrita ou a imagem) e como se incorporam as técnicas dramáticas e teatrais nas aulas e nos projetos educativos. Devemos apontar que a última dimensão, a que diz respeito à descrição e implementação das técnicas dramáticas e teatrais, é a mais comum na literatura, embora, como facilmente se depreende, todas as outras lhe sejam interdependentes.

Segundo Jonothan Neelands  e Tony Goode o uso pedagógico das convenções deve refletir os valores do drama e do teatro na educação, designadamente através das seguintes orientações:

- Acentuando o cariz participativo e interativo do teatro, onde os papéis de espectador, ator e encenador se interligam e fundem;
- Acentuando a conceção do teatro como um processo de pesquisa que se direciona para si próprio e para as experiências humanas mais significativas, podendo ser ou não comunicado através do espetáculo;
- Acentuando a conceção do drama e do teatro como processos de investigação e descoberta que decorrem da necessidade básica do ser humano interpretar e exprimir o mundo de forma simbólica;
- Acentuando a noção de que o drama e o teatro assentam as suas raízes mais básicas no brincar espontâneo

e no jogo, tornando-se progressivamente mais refinados, complexos e poéticos através da interação dialética dos conteúdos com as convenções[169].

A sistematização dos processos dramáticos com base em atividades delimitadas e com nome próprio (convenções) oferece múltiplas vantagens. Para além de tornar o drama pedagogicamente mais rico, menos misterioso e mais fácil de implementar, promove o planeamento e a avaliação do ensino-aprendizagem. Ainda que, por necessidade de sistematização, as convenções sejam normalmente apresentadas de forma compartimentada, na realidade elas sobrepõem-se e inter-relacionam-se. Ou seja, a experiência dramática e teatral desenvolve-se com base no fluir articulado das diversas convenções, cuja inter-relação dinâmica é o que verdadeiramente estrutura o ritmo e a coerência interna das propostas estéticas e pedagógicas. A própria semiótica teatral (que tem por base o tempo, o espaço e os personagens) emerge da articulação progressiva e orgânica das convenções. Podemos então assumir que o conhecimento e a manipulação das convenções possibilita aos professores (e aos alunos) melhorem as suas propostas dramáticas de modo a tornar as situações de aprendizagem mais ricas e significativas. Devemos chamar a atenção para o facto de que, tal como infelizmente ainda podemos observar com o uso do jogo dramático, a utilização imponderada das convenções e a indulgência na sua escolha pode resvalar para a intervenção pedagógica inconsequente; visto não levar em linha de conta a profundidade do trabalho dramático e as progressões que devem determinar a riqueza das experiências educativas; isto é, o uso das convenções, *per si*, não pode ser entendido como condição suficiente para a promoção de um trabalho pedagógico válido, nem deve comprometer a existência de outro tipo de proposta curricular, como são, por exemplo, os trabalhos baseados no texto dramático ou na apreciação artística. É necessário também entendermos que a verdadeira qualidade do trabalho educativo jamais se alimenta da quantidade. Assenta sim, numa ponderada escolha das convenções, tendo em conta os momentos e os contextos específicos da sua aplicação, procurando adequá-las às experiências de aprendizagem que se pretendam fomentar.

Após termos introduzido alguns dos princípios que devem informar a didática baseada nas convenções, elaboramos seguidamente um quadro síntese com algumas das convenções dramáticas e teatrais mais usuais em educação.

| Categorias da Acão Dramática (Modos) | Funções | Necessidades | Exemplos de Convenções |
| --- | --- | --- | --- |
| Construção do contexto | Apresentar e enquadrar os personagens, a cena e o enredo. Acrescentar informação às situações dramáticas enquanto estas decorrem | Partilhar a compreensão do lugar, do tempo, das personagens assim como de outros dados contextuais cruciais para o entendimento e participação no drama | *Visita guiada; Escultura humana; Personagem na parede; Objetos do personagem; Desenho coletivo...* |
| Narrativo | Enfatizar determinadas dimensões do enredo ou sobre o que irá acontecer a seguir | Aumentar a curiosidade sobre o desenrolar da história e criar um sentido de imanência das ações motivadas pelos que atuam e/ou pelos que observam | *Um dia na vida; Cadeira quente; Reuniões; Jogos; Professor como personagem; Mantle of Experts; Reportagem* |

| | | | |
|---|---|---|---|
| **Poético** | Fomentar o potencial simbólico do drama através do uso seletivo da linguagem e do gesto | Permitir olhar para além da superfície do enredo, reconhecendo e criando as dimensões simbólicas dos trabalhos | *Acão narrada; Mímica, Ritual; Máscaras; Montagem* |
| **Reflexivo** | Fomentar a exploração do pensamento subjacente ao drama | Fomentar a reflexão sobre os significados e temas que emergem durante o drama | *Dar o testemunho; Percursos do pensamento; Vozes na cabeça;* |

Tabela 1 - Resumo das convenções dramáticas[170].

Tal como podemos verificar na tabela acima apresentada, as diversas convenções podem ser classificadas em quatro categorias de ação ou modos dramáticos (construção do contexto, narrativo, poético e reflexivo). Ainda que admitamos que esta classificação possui utilidade sistemática, revela-se, tal como muitas outras, bastante discutível. Analisemos, por exemplo, a famosa atividade da cadeira quente que Jonothan Neelands  e Tony Goode incorporam no modo narrativo[171]. Sabemos que esta convenção, chamemos-lhe assim, consoante a forma como é orientada, pode cair mais no modo da construção do contexto ou no modo reflexivo. Se, durante a realização da atividade, a personagem focada, que está na *cadeira-quente,* for estimulada a responder sobre as suas características mais evidentes (profissão, idade, hábitos, objetivos de vida, etc.) estaremos, sem dúvida, a mover-nos predominantemente no âmbito da construção do contexto. Se, por outro lado, a atividade for orientada para respostas mais introspetivas, abrangendo os sentimentos e a reflexão sobre um determinado assunto, estando a pessoa a representar ou não uma personagem, estaremos a trabalhar no modo dramático reflexivo. Este tipo de consideração é extensível às outras convenções. Aceitamos também, com alguma reserva, que Neelands e Goode considerem os jogos e o professor-como-personagem como convenções claramente delimitadas a uma só categoria (modo narrativo). Sabemos que o jogo, entendido na sua forma mais abrangente, revela uma tal variedade de funções e objetivos que dificilmente admite ser classificado de forma precisa, limitada e generalizável. No mesmo sentido, o professor-como-personagem e, principalmente, o *mantle of experts*, também revelam um tal leque de possibilidades dramáticas e educativas que, segundo a nossa opinião, são melhor entendidos como metodologias do que como convenções *strito senso*. É de referir que os próprios autores, Neelands e Goode afirmam que a sua taxonomia "somente ilustra o uso das convenções tendo em conta um propósito determinado e particular", sendo por isso a classificação limitada quanto à precisão e mútua exclusividade das categorias[172]. Sabemos que um dos objetivos mais importantes de uma taxonomia é estruturar as nomenclaturas de forma a poder dar lugar a discussões, tanto teóricas como práticas, que possam conduzir a temáticas pertinentes e novos conhecimentos[173]. Deste modo, e com as reservas acima referidas, não deixamos de aceitar a classificação das convenções proposta por Neelands e Goode, visto admitirmos a sua utilidade enquanto plataforma comum de sistematização e estudo. Acima de tudo, aceitamos esta organização pela riqueza pedagógica e didática que lhe está subjacente.

De uma forma geral, em vez de assentar nas convenções, a taxonomia das atividades dramáticas em educação tem sido realizada com base no discorrer temporal das oficinas, utilizando frequentemente a terminologia : "atividades de abertura, desenvolvimento e fecho"[174]. A classificação das atividades dramáticas baseada na estruturação temporal revela grande utilidade para o professor, permitindo-lhe estruturar as oficinas/aulas de um modo progressivo, assim como analisar e avaliar o trabalho educativo com base em estruturas organizativas. Ao longo da nossa prática como professores de drama e teatro na educação temos usado frequentemente as estruturas do tempo, do grupo e do espaço como enquadramentos de referência. Os vários instrumentos que temos idealizado e as discussões com colegas e alunos em cursos de pós-graduação permitem-nos concluir que a reflexão sobre a progressão e a estruturação das práticas pode ser realizada de forma profícua tendo como referência a estruturação temporal, grupal e espacial das atividades, considerando, obviamente, os propósitos educativos e as dinâmicas que se pretendem alcançar numa determinada sessão. Embora a classificação com base nas estruturas seja complementar e de certo modo sobreponível à sistematização de Jonothan Neelands  e Tony Goode , a classificação das atividades dramáticas com assento nas convenções revela-se mais característica do drama, introduzindo um campo lexical profícuo e estimulante. Acima de tudo, as convenções possibilitam aos professores refletirem com maior profundidade sobre os processos artísticos e educativos subjacentes ao drama na educação[175].

---oo---

De modo a fecharmos a primeira parte do livro passamos a tecer algumas considerações de síntese sobre os modelos, processos e convenções no drama na educação:

1) Os autores considerados como referência no campo epistemológico do drama na educação importam perspetivas que devem ser estudadas e refletidas. Peter Slade, reconhecido pela sua inegável experiência como educador, oferece-nos uma vertente autoexpressiva do drama, especialmente relevante nos anos de escolaridade mais baixos e como reforço da imprescindível ludicidade e do envolvimento dos alunos nas aprendizagens artísticas mais técnicas.

2) Brian Way, que partilha com Slade o mesmo posicionamento filosófico de base, aprofunda um modelo de desenvolvimento e intervenção assente num conjunto de atividades dramáticas que ele próprio idealiza tendo em vista determinados objetivos educativos. Way perspetiva o drama como instigador dos processos internos do pensamento, abrindo a porta aos estudos que interligam o drama com a dinâmica dos sentimentos, da inteligência e da aprendizagem estética.

3) Richard Courtney, embora sem uma componente prática e metodológica tão marcada como Peter Slade ou Brian Way, merece também ser estudado e compreendido por quem se interessa pelas problemáticas educativas e terapêuticas do drama. A obra de Richard Courtney é vasta e multifacetada, abrindo múltiplos caminhos ao estudo do impacto do drama e do teatro ao nível do desenvolvimento psicológico e da aprendizagem.

4) Dorothy Heathcote e David Hornbrook revelam-se igualmente indispensáveis para a compreensão do atual corpo teórico-

prático da disciplina. Ambos idealizam e sistematizam metodologias que permitem implementar de forma consequente e informada o drama nas escolas. A compreensão das suas ideias determina que jamais possamos encarar o drama como uma disciplina pouco aprofundada no que diz respeito às metodologias de ensino. Tanto Heathcote como Hornbrook elaboram e exemplificam modos de intervir em contextos educativos. Os seus pontos de vista são muito diferenciados. Porém, ambos imprescindíveis e complementares, desde que ultrapassados os extremismos e controladas as incongruências que possam invalidar a sua associação.

5) O conhecimento das convenções dramáticas revela-se central na pedagogia e didática do drama na educação. As convenções dramáticas apresentam-se como um importante referencial teórico e metodológico da disciplina, visto permitirem implementar o drama na educação levando em linha de conta a riqueza processual e artística dos seus quadros de referência.

6) As sistematizações que realizámos dos principais autores e das convenções dramáticas levam-nos a afirmar que, para ser reconhecido com seriedade pelo sistema educativo, o drama necessita de resistir à tentação de diminuir a sua complexidade de modo a tornar-se facilmente digerível pelos professores e implementado nas escolas sob a forma de meros jogos e passatempos desarticulados. Admitimos que o drama na educação só pode ser verdadeiramente implementado e compreendido se incorporar a força estruturante dos conhecimentos promovidos pelos autores de maior relevo.

7) Assumimos neste trabalho que nenhuma teoria ou metodologia do drama na educação deve ser promovida ou justificada pela sua sobreposição e oposição a outras possíveis. Segundo o nosso

ponto de vista, o drama deve ser sobretudo encarado na sua forma multifacetada, pois só deste modo poderá ser fortalecido como disciplina e alcançar a centralidade que lhe é devida no currículo escolar.

É essencialmente ao assunto da articulação modelar que dedicamos a segunda parte deste livro.

# PARTE 2

# DINÂMICAS NÃO-LINEARES

# CAP.5 MULTIPLICIDADE DE PONTOS DE VISTA

Tal como pudemos verificar na primeira parte do livro, o campo teórico-prático do drama na educação abrange uma multiplicidade de correntes, modelos e práticas. Autores como Mike Fleming e Agnes Walkinshaw têm vindo a assumir que a diversidade teórico-prática presente na disciplina não deve ser combatida, mas, em vez disso, encarada como um importante atributo da própria natureza criativa da disciplina[176]. Tal como as outras áreas do conhecimento, o drama na educação nem sempre tem evoluído no sentido da chamada *ciência normal* - para utilizarmos a nomenclatura de Thomas Kuhn - onde a construção do saber é cumulativa e baseia-se no aprofundamento das teorias e metodologias consensuais para um determinado grupo[177]. A história e a sociologia das ciências têm evidenciado que nenhuma disciplina se reduz a uma lógica singular e que os ramos do saber nunca deixam de emergir das dinâmicas histórico-contextuais que os vão moldando. Sob este ponto de vista, qualquer abordagem epistemológica abrangente, para além de sistematizar o que possa ser considerado consensual, tem necessariamente de revelar o que dinamiza a abertura para a divergência.

Diversos autores têm vindo a afirmar que o estudo do espólio mais relevante do drama na educação revela ampla disparidade sobre quais devem ser os seus objetivos, conceitos e metodologias[178]. É natural assim aconteça, visto que, para além da dinâmica epistemológica interna, a própria disciplina tem vindo a ser erigida em contextos culturais e científicos mais amplos, não sendo imune às dinâmicas paradigmáticas que vão surgindo ao longo da história do conhecimento. Temos também de admitir que a abordagem longitudinal da disciplina evidencia evoluções/revoluções que têm sido instigadas quer pelo amadurecimento de determinadas perspetivas quer pelo abandono de modelos teóricos entendidos como desatualizados. No primeiro caso, por exemplo, podemos referir o aprofundamento das metodologias relacionadas com o *drama processual* (*process drama*), que atualmente revelam um nível de sistematização e complexidade sobejamente superior aos idealizados, nos anos 70 e 80, por Heathcote e Bolton[179]. No segundo caso, o do abandono de determinadas conceções em favor de perspetivas mais ajustadas e atualizadas, podemos salientar, por exemplo, a ultrapassagem do radicalismo progressivista assente nas noções de autoexpressão e não-intervencionismo; tal como foi proposto, no início dos anos 60, por Peter Slade[180]. A própria conceção da criatividade dramática, subentendida pelos pioneiros do drama na educação como universal e congénita, tem vindo a ser substituída por conceitos mais equilibrados e compatíveis com o saber artístico e o domínio técnico. Sobre este assunto leia-se, por exemplo, dois interessantes artigos de Sharon Bailin; onde, no primeiro, a evolução do "conceito criatividade" é analisado de forma a exemplificar a derradeira importância da pesquisa filosófica no âmbito do drama na educação e, no segundo, como arremesso crítico aos modelos mais românticos e progressivistas que ainda perduraram em alguns sectores[181].

A abordagem superficial do acervo bibliográfico do drama na educação poderá induzir a ideia de que as múltiplas perspetivas que povoam a disciplina são derradeiramente opostas e inconciliáveis. Na primeira parte do livro, quando abordámos os autores e teorias de referência, verificámos que existem perspetivas que ambicionam moldar, de forma exclusiva, o modo como se deve encarar todo o currículo e todas as práticas educativas do drama e do teatro. Pudemos constatar que estas teorias são normalmente forjadas com base em delineamentos autojustificativos que se colam às filosofias educativas dominantes na época. Neste tipo de enquadramento, certos teóricos e praticantes do drama na educação têm vindo a subscrever a ideia de que existe uma ligação direta e linear entre uma metodologia exclusiva e a qualidade do trabalho pedagógico. No fundo, o pensamento que alimenta este tipo de posicionamento baseia-se na conceção positivista de que existe uma única forma de intervir na educação; que é supostamente a que melhor consegue maximizar a eficácia técnico-pedagógica sob o ponto de vista científico.

Também referimos que têm vindo a surgir na literatura especializada, desde meados dos anos 90, trabalhos que procuram conciliar os diferentes modelos teóricos e metodológicos existentes na disciplina. Os primeiros passos para a criação de uma visão integrada e transmodelar foram dados por autores como Fleming e Walkinshaw, que abordaram as diferentes teorias presentes no drama na educação de uma forma inter-relacionada e conjugada[182]. Tanto Fleming como Walkinshaw admitem que as diferentes teorias e metodologias devem ser perspetivadas como complementares e essenciais para o correto domínio do drama na educação.

Mike Fleming justifica este posicionamento com base numa interessante discussão comparativa entre as teorias que tendem a valorizar "a subjetividade e o significado" e os modelos que se direcionam predominantemente para "as manifestações externas e visíveis do comportamento"[183]. Fleming admite que este tipo de dicotomias empobrece o trabalho pedagógico: compelindo os professores a aceitar como correta somente uma determinada perspetiva; o que, segundo a sua opinião, torna menos flexível a pedagogia e a didática. Fleming assume ser importante reconhecer que os conceitos "experiência interna e comportamento externo" (frequentemente apresentados como entidades distintas entre as quais temos de escolher) têm maior utilidade se forem entendidos como constructos ou metáforas que evidenciam princípios complementares[184].

Agnes Walkinshaw também elaborou toda uma tese sobre a necessidade de conjugar os diferentes modelos existentes na disciplina, defendendo que os professores e as crianças devem experienciar as diferentes metodologias presentes no drama na educação, pois só deste modo podem beneficiar das suas múltiplas potencialidades educativas[185]. Para a autora, a natureza polimorfa das questões teórico-metodológicas e a heterogeneidade das realidades educativas exigem ecletismo nos modelos de ensino; afirmando que "somente quando o drama poder ser celebrado em todas as suas diversas modalidades, a educação dramática, nos diversos níveis de ensino, será tão rica e potencializadora como o próprio drama"[186]. Walkinshaw sustenta que a pluralidade teórica e metodológica do drama na educação é essencial para se poder criar uma visão alargada sobre as suas potencialidades educativas. Quanto a isto, a autora chega a ser perentória, assumindo que a diversidade necessita de estar manifestamente presente na implementação do drama e do teatro na educação, tanto no que diz respeito ao desenvolvimento curricular do ensino básico e secundário como no que toca à formação dos professores generalistas e especialistas[187].

Tal como podemos verificar na seguinte tabela, as diferentes conceções do drama na educação, fechadas em si mesmo, revelam potencialidades, mas também limitações.

|  | **Pontos fracos** | **Pontos fortes** |
|---|---|---|
| **Drama como Disciplina Literária** | O drama foi escrito para ser representado e visto, não para ser estudado passivamente atrás das secretárias. | A ênfase no texto ajuda a equilibrar as perspetivas que tendem a sobrevalorizar as técnicas de palco em detrimento dos conteúdos. |
| **Teatro** | Acarreta o perigo de fomentar experiências vazias de sentido para os alunos. A ênfase nas técnicas de representação, na luminotecnia e na cenografia pode descorar a importância do conteúdo. | Restaura o drama como uma atividade cultural e artística contendo um corpo disciplinar que engloba técnicas e conteúdos específicos. Enfatiza tanto a criação como a apreciação artística. |
| **Brincar Dramático** | A desconsideração de conteúdos e técnicas disciplinares específicas pode dificultar o entendimento das aprendizagens que estão realmente a acontecer e, consequentemente, a determinação e avaliação das progressões. | Os alunos envolvem-se facilmente nas atividades porque o trabalho é acessível. Grande potencial para usar o drama como metodologia de ensino. |

Tabela 2- Diferentes formas de conceptualizar o drama[188].

A tabela 2 permite-nos deduzir que a visão parcelar não pode ser considerada uma proposta curricular alargada, rica e adaptável. Este raciocínio leva-nos a afirmar que um trabalho educativo enquadrado exclusivamente numa determinada perspetiva ou modelo, ainda que possa ser assumido por certos condicionalismos, deve, pelo menos, ponderar a existência de metodologias alternativas e complementares.

O posicionamento conciliador perante os diferentes modelos pedagógicos revela, segundo a nossa opinião, uma das tendências mais promissoras dos atuais estudos do drama na educação. Ainda assim, continua a existir quem evoque, com base em pontos de vista recorrentes, que o drama deve ter por exclusiva finalidade educativa o desenvolvimento pessoal e social[189] ou que, em vez disso, deve ser implementado primordialmente como uma estratégia de ensino de outras disciplinas, nomeadamente da Língua Materna[190]. Por outro lado, existem autores que defendem que a aprendizagem interdisciplinar deve ser considerada como a conceção mais relevante, senão mesmo determinante, na implementação do drama na educação[191].

Reiteramos o facto de que, já nos anos 80, alguns estudiosos levantaram objeções à exclusiva conceptualização do drama como estratégia de aprendizagem e de desenvolvimento pessoal. Este tipo de crítica surgiu tanto por parte de alguns especialistas do drama na educação como pelo lado de autores mais ligados à filosofia da educação artística. No primeiro caso, tal como tivemos oportunidade de referir, destacamos David Hornbrook, cuja objeção ao uso do drama como estratégia de aprendizagem foi enérgica; como podemos verificar na seguinte citação:

> Porque é que a improvisação dramática é útil para combater a SIDA, por exemplo? Será que o drama é mais eficiente do que a música ou as artes visuais para promover a saúde ou a integração social? O drama favorece a exploração de emoções, da razão e da imaginação numa rede complexa de tempo e de espaço. Ele tem a sua utilidade nestes domínios, mas não pode ser definido por isso. Claro que o drama pode

ser utilizado como uma ferramenta, mas isso seria como ver uma magnífica máscara teatral a ser usada como uma bandeja para transportar chávenas de café[192].

Peter Abbs, que se move simultaneamente no âmbito do drama e da filosofia da educação artística, pode igualmente ser destacado como um dos acérrimos críticos da conceção mais utilitarista das artes na educação[193]. Este autor, ainda que criticado por Philip Taylor por supostamente adotar uma visão neopositivista e neoliberal da educação, foi determinante no combate aos modelos dramáticos baseados exclusivamente no desenvolvimento pessoal e na aprendizagem interdisciplinar[194].

Importa referir que as críticas às conceções psicológicas, utilitaristas e subjetivistas da educação artística não são exclusivas do drama na educação. O movimento de reafirmação curricular do ensino artístico surgiu com grande vitalidade em outras disciplinas, principalmente no âmbito das artes visuais. A conceção das artes no currículo generalista como disciplinas que requerem a aprendizagem de técnicas e saberes específicos foi em grande parte iniciada pelo movimento educativo Norte-americano conhecido genericamente por DBAE (*Discipline Based Art Education*) que, em Inglaterra, encontrou em Peter Abbs um apologista com argumentações semelhantes. As obras de Peter Abbs criticam os modelos progressivistas mais marcantes da educação artística europeia, renovando as propostas curriculares para as artes, principalmente através da coleção por si coordenada: *The Falmer Press Library on Aesthetic Education*[195].

David Best é outro autor da área da filosofia da educação artística que elaborou fortes críticas ao subjetivismo e à interdisciplinaridade, assumindo-se como um defensor do ensino de conteúdos e técnicas artísticas disciplinarmente específicas no âmbito da educação generalista. Na obra "A Racionalidade do Sentimento: o Papel das Artes na Educação", publicada originalmente em Inglaterra (1992) e em Portugal (1996) o autor evidencia:

[...] a falácia perniciosa subjetivista de que o desenvolvimento pessoal, sem restrições, depende da fuga das disciplinas, uma vez que, pelo contrário, a liberdade do indivíduo experimentar sentimentos relevantes depende de ele ter aprendido essas disciplinas[196].

Nas artes, na língua e em muitos outros aspetos da vida humana, a possibilidade de desenvolvimento individual através do pensamento e da experiência, longe de ser restrito antes depende da aprendizagem de disciplinas objetivas e de práticas culturais partilhadas publicamente[197].

A dança e o drama na educação não deixaram de ser influenciadas pelas críticas ao subjetivismo e utilitarismo, tendo-se movido para conceções mais equilibradas que procuraram abranger, para além do desenvolvimento psicológico e do ensino interdisciplinar, a aprendizagem de técnicas artísticas e a apreciação de obras de arte. Com este objetivo, por exemplo, na dança, Jacqueline Smith-Autard idealizou o que intitulou de "modelo intermédio", conciliando o "modelo educativo" e o "modelo profissional" do ensino da dança[198]. Também no âmbito do drama da educação alguns autores têm vindo a esforçar-se para ultrapassar as clivagens existentes entre as conceções progressivistas e os modelos assentes na literacia artística. Tal como já referimos, Fleming e Walkinshaw podem, para o caso, ser dados como exemplos[199].

Resumindo: o drama na educação apresenta-se como uma disciplina multifacetada, dinâmica e polémica, contendo uma multiplicidade de conceitos e metodologias que abrangem, desde perspetivas marcadamente progressivistas e utilitárias, até propostas de aprendizagem mais centradas na arte teatral. A edificação epistemológica do drama na educação tem vindo a desembocar numa multiplicidade de tendências díspares e por vezes opostas; o que não impede, no entanto, que se vislumbre atualmente uma propensão para a elaboração de modelos mais integradores e conciliadores. É nossa opinião que a atual visão epistemológica da disciplina só conseguirá renovar o seu potencial educativo e curricular quando, para além de promover a tolerância perante a diversidade, conseguir estruturar novas formas de relacionamento onde as diferentes vertentes se possam mutuamente enriquecer. Arriscamo-nos mesmo a afirmar que as divisões teóricas e metodológicas que perseguiram o ensino do drama no passado irão tendencialmente dar lugar a perspetivas mais conciliadoras, baseadas na não-linearidade e complexidade epistemológica.

Assumimos neste trabalho que o drama na educação é, pela sua própria natureza, uma disciplina teórico-prática. Podemos facilmente corroborar esta afirmação com os posicionamentos mais comuns evidenciados na bibliografia especializada. Muitos dos autores que elaboraram os quadros conceptuais de referência na disciplina articularam teorizações, assuntos de cariz metodológico e exemplificações práticas. Foi deste modo que foram estruturadas, por exemplo, as obras de Peter Slade e Brian Way, só para referir dois dos autores mais relevantes[200]. Podemos também acrescentar, como exemplo, que os registos videográficos das práticas educativas de Dorothy Heathcote, cuja influência na evolução da disciplina é inegável, têm vindo a ser objeto de várias elaborações teóricas[201]. Outro caso bastante revelador da forte ligação da prática com a teoria é o de Giselle Barret, professora nas Universidades de Montreal e Sorbonne, com grande influência no desenvolvimento da Expressão Dramática em Portugal, cujo título da tese de doutoramento é, só por si, esclarecedor: *L`Expression Dramatique: Pour Une Theorie de la Pratique*[202]. Ainda que possamos admitir que as conceções teórico-práticas da disciplina sejam as mais frequentes, podemos encontrar algumas exceções. Por exemplo, os escritos de Richard Courtney, ainda que se enquadrem na vertente educativa, direcionam-se essencialmente para a teorização pura do drama, sendo por isso reveladores das fecundas interligações do drama com outras disciplinas, nomeadamente com a psicologia, a sociologia e a linguística[203].

Para sublinharmos a ideia de que o corpo epistemológico do drama na educação tem vindo a ser edificado essencialmente na interface teoria/prática, recorremos à sua sistematização em três grandes dimensões: a dimensão teórica, a dimensão metodológica e a dimensão prática. Não será difícil entendermos, até pelo que foi anteriormente referido, que estas dimensões se sobrepõem de variadíssima forma, não sendo, por isso, mutuamente exclusivas.

Assim, segundo o nosso ponto de vista, as produções escritas sobre do drama na educação podem ser sistematizadas em três grandes grupos:

## 1) Autores e obras de pendor essencialmente teórico

Grupo onde se inserem os autores e as obras que mais contribuem para a edificação do corpo teórico do drama na educação. Autores que demarcam tendências de estudo e criaram referências temáticas. Incluímos neste grupo os autores e as obras que abordam, de forma relevante, a natureza do drama e que discorrem sobre as suas finalidades educativas[204].

## 2) Obras de pendor essencialmente metodológico

Este grupo incorpora os trabalhos que evidenciam os princípios pedagógicos e metodológicos que fundamentam a aplicabilidade do drama nos diversos contextos educativos. Muitas destas obras, para além de focarem os aspetos mais metodológicos e práticos da disciplina, não deixam também de sintetizar e ampliar alguns dos aspetos teóricos incluídos na dimensão anterior[205].

## 3) Obras de pendor essencialmente prático

Grupo que abrange as publicações que consistem essencialmente em coletâneas de jogos e atividades dramáticas. Embora pouco frequente, algumas destas produções são também acompanhadas de breves introduções teóricas e recomendações metodológicas[206].

É com base na organização tripartida do corpo epistemológico do drama na educação que apresentamos seguidamente uma tabela com os conceitos mais evidenciados na literatura especializada :

| | Obras de pendor teórico | Obras de pendor metodológico | Obras de pendor prático |
|---|---|---|---|
| **Campo semântico** | **Brincar, Jogo dramático, Processos Psicológicos, Drama Desenvolvimental, Teatro, Papel, Aprendizagem Dramática, Drama como Processo, Drama como Assunto.** | **Processos, Orientações, Papel do Professor, Papel dos Alunos, Contextos, Objetivos, Progresso, Recomendações.** | **Jogos, Atividades, Formas, Técnicas, Convenções, Projetos, Recomendações.** |
| **Postulados** | - O drama na educação é essencialmente brincar dramático servindo como estratégia de libertação da criatividade inerente ao ser humano;<br><br>- O drama na educação difere do teatro, não tendo como objetivo a aprendizagem de habilidades ou conhecimentos artísticos;<br><br>- O drama serve essencialmente para desenvolver a consciencialização de sentimentos, a empatia, a tolerância e o desenvolvimento moral, visto permitir ao ser humano experienciar e problematizar a realidade social sob diferentes pontos de vista; | - O drama na educação centra-se nas necessidades e conhecimentos das crianças, sendo uma atividade livre e libertadora da expressão e da criatividade natural do ser humano;<br><br>- O drama na educação evolui de atividades centradas no "eu" para situações em que se fomenta a dramatização do "outro" perante determinadas problemáticas humanas e sociais; | - O drama é essencialmente jogo dramático;<br><br>- O drama diz respeito às atividades e situações dramáticas onde se exploram temáticas humanas significativas; |

| | | |
|---|---|---|
| - O drama na educação solicita processos mentais complexos que promovem a aprendizagem holística, implicando a simultaneidade das componentes estéticas, cognitivas, afetivas e psicomotoras do pensamento;<br><br>- O drama na educação é essencialmente uma estratégia útil para a exploração e aprendizagem de conteúdos curriculares interdisciplinares, facilitando a realização de projetos que envolvem conteúdos de diversas disciplinas, nomeadamente da língua materna e da história;<br><br>- O drama na educação é uma disciplina com conteúdos e métodos próprios, relacionados como texto dramático e a arte teatral;<br><br>- A aprendizagem do drama envolve, necessariamente, diversas dimensões e processos artísticos, devendo permitir aos alunos criarem, apresentarem e apreciarem a arte dramática. | - O drama na educação baseia-se, desde os primeiros anos de escolaridade, na aprendizagem de técnicas e habilidades de representação teatral, trabalhando o texto dramático, e fomentando a produção e a apreciação da arte dramática. | - O drama articula-se com as outras áreas do saber, é uma área de integração curricular e uma estratégia de exploração de diversos conteúdos escolares;<br><br>- O drama diz respeito ao texto dramático, à sua interpretação e representação. |

Tabela 3- Campo semântico e postulados predominantes no drama na educação

Analisemos o seguinte diagrama de Venn sobre o que, no nosso ponto de vista, poderá representar graficamente a dinâmica epistemológica do drama na educação tendo em conta os conteúdos apresentados na tabela anterior :

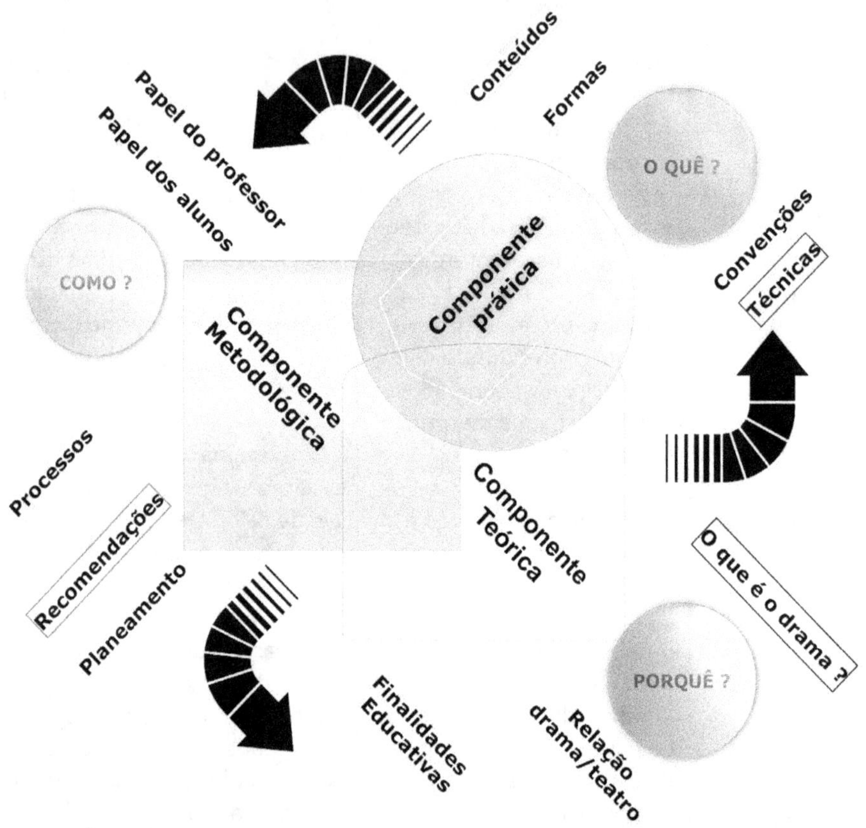


Figura 14 - Dinâmica epistemológica do drama na educação (versão 1)

A figura 14 permite-nos afirmar que a construção epistemológica da disciplina tem sido instigada pelo questionamento do porquê, do como e do que realizar em contexto educativo em nome do drama e do teatro. Admitimos que são estas questões nucleares que têm impulsionado a edificação do corpo epistemológico da disciplina.

Porém, se observarmos atentamente o diagrama apresentado percebemos que este deve ser imaginado a rodar simultaneamente em vários sentidos, evidenciando, por isso, mais *degradés* do que cores contrastantes. Acima de tudo, o esquema não deve ser entendido como centrípeto, ou seja, o desenvolvimento do corpo epistemológico do drama na educação não tem convergido para um modelo único e consensual. Assumida esta ideia, podemos agora ser levados a imaginar que se aprofundássemos a metáfora esquemática anteriormente apresentada, colocando em movimento as coisas vivas e dinâmicas, chegaríamos, em última instância, ao grafismo da complexidade:

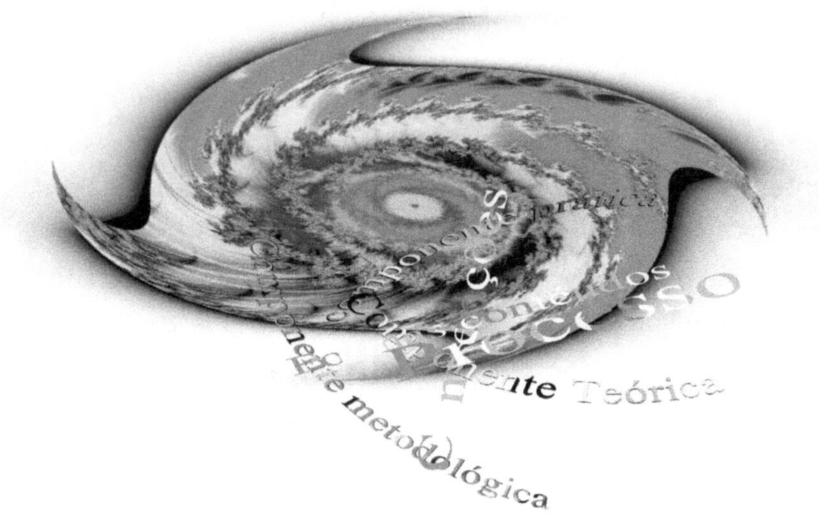


Figura 15 - Dinâmica epistemológica não-linear do drama na educação (versão 2).

O grafismo da complexidade, ou grafismo fractal, evidencia que o relacionamento interativo dos diversos elementos de um determinado sistema tende a originar altos níveis de complexidade. Neste caso, não são as estruturas iniciais ou a sua interdependência linear que produzem complexidade, mas sim o resultado cumulativo, dinâmico e recursivo das múltiplas interações entre os diversos componentes.

A metáfora do grafismo fractal permite-nos agora compreender como a versão gráfica sobre a dinâmica epistemológica do drama na educação, inicialmente apresentada com superfícies e formas bem delimitadas, era, na verdade, uma abstração demasiado afastada da realidade. Nenhum sistema de construção do conhecimento é assim tão linear e estruturado; a integração de teorias e modelos cria, inevitavelmente, uma reorganização complexa e indeterminada. Senão vejamos: a desconstrução modelar depende, em grande parte, da formação e da experiência prévia de quem a realiza, ou seja, do domínio que essa pessoa possa ter das diferentes ramificações da disciplina e dos seus diversos componentes (o que, só por si, se apresenta como uma variável tendencialmente incontrolável). Dependerá também, e não em menor grau, das exigências e implicações, tanto dos contextos teóricos que solicitam a renovação epistemológica como dos que potencialmente poderão enquadrar a sua implementação educativa. Devemos acrescentar, a tudo isto, muitos outros fatores que potencialmente influenciam todos estes processos. Assim, qualquer visão epistemológica do drama na educação que procure ultrapassar os limites exclusivos das teorias e metodologias já estabelecidas, baseando-se na complexidade das suas interações, será sempre provisória e amplamente flexível. Não evidenciará cores contrastantes e formas precisas, mas sim *degradês* dinâmicos e variáveis, como os que existem num pôr-do-sol observado ao longo do tempo e em diferentes latitudes.

O que acabámos de referir assume que os sistemas complexos se caracterizam por um funcionamento cujo resultado é qualitativamente diferente da soma das suas partes e que, por isso, a articulação modelar desemboca, inevitavelmente, no domínio da complexidade e da não-linearidade.

Tal como temos vindo a afirmar, o drama na educação abarca um vasto leque de conceções teóricas, metodológicas e práticas que abrangem desde o brincar dramático até à produção e fruição da arte teatral. No âmbito da dinâmica epistemológica não-linear, esta multiplicidade teórica e metodológica, mais do que entendida como incongruente e inconciliável, deve ser perspetivada de forma interrelacionada e dinâmica. Nenhuma justificação teórica ou metodológica exclusiva e restrita deverá ser adotada como totalmente adequada. Tudo é passível de relacionamento segundo as múltiplas possibilidades de conjugação e adequação com base num sistema que é sobretudo complexo e dinâmico. Neste enquadramento, a coerência das justificações teóricas e as opções metodológicas devem informar, simultaneamente e/ou retroativamente, toda a implementação curricular, permitindo adaptar os processos e os objetivos ao longo dos diferentes programas e sessões.

No enquadramento da complexidade, o sentido das progressões pode emanar do próprio processo de implementação dos programas, fazendo surgir novas oportunidades para o enriquecimento das vivências e das aprendizagens. Deste modo, o trabalho baseado no drama na educação deve estar sempre aberto ao risco, ao improviso e à capacidade de progredir e retroceder nas múltiplas alternativas que vão surgindo.

Na dinâmica epistemológica não-linear, os diferentes posicionamentos teóricos e metodológico devem ser perspetivados no sentido do devir das suas potenciais inter-relações. Neste processo, o papel do professor e dos alunos é dinâmico e flexível. O professor pode funcionar, simultaneamente ou em diferentes momentos, como facilitador, instrutor ou diretor. Em todos os casos, o que tem de prevalecer na orientação das metodologias é o desenvolvimento e a aprendizagem dos alunos, assim como a sua progressiva autonomia criativa e artística. Ressalve-se que em nenhum contexto o drama na educação se deve subjugar à produção artística determinada por critérios estéticos e ideológicos sem validade pedagógica; em nenhum contexto o processo pedagógico-dramático se deve submeter a fins não-educativos e deseducativos[207].

A abordagem pedagógico-dramática complexa incentiva a conciliação de possibilidades, a elaboração de pontes e a integração de conteúdos e metodologias. Sob este ponto de vista, o brincar e o jogo dramático, assim como a criação de textos ou a montagem de espetáculos podem ser perspetivados como possibilidade educativa. Estes processos são passíveis de ser organizados sequencialmente, alternadamente ou de forma integrada.

A não-linearidade epistemológica implica que o trabalho pedagógico seja entendido como um caminho de experimentação e descoberta, onde a incerteza e o risco não são encarados como entraves, mas sim como possibilidades de renovação pedagógica e metodológica. Porém, nada é realizado submerso na experimentação gratuita e no acaso. Existem sempre marcos teóricos, metodológicos e práticas que servem de quadro de referência para o planeamento e a reflexão. No enquadramento da complexidade, a experiência vivida e o conhecimento prévio das metodologias educativas e da arte dramática permitem ao professor perspetivar o trabalho e guiar o seu próprio processo de descoberta e experimentação. A complexidade implica que as múltiplas possibilidades de articulação teórica e metodológica estejam fortemente alicerçadas nos conhecimentos e nas experiências prévias dos professores. É determinante que exista, em todo o processo, um risco calculado, um apoio e um diálogo entre pares. É igualmente determinante que a reflexão subjacente ao drama na educação se insira no amplo quadro epistemológico já existente e que se articule com as mais recentes perspetivas metodológicas e de desenvolvimento curricular.

Acabámos de abordar o que consideramos ser uma das principais tendências da abordagem curricular contemporânea do drama na educação. No próximo capítulo exploramos estes assuntos através da dinâmica do texto dramático, forjando diálogos e interações ficcionadas entre os diversos autores.

# CAP. 6 Interpretação Dramática: nos Bastidores do Drama na Educação

> HAMLET
> [...] Meu bom senhor, quereis ver se os atores são bem tratados? Estais a ouvir-me? Desejo que os trateis bem, porque eles são as crónicas breves e abstratas do tempo. Depois da vossa morte, mais nos valeria um mau epitáfio do que uma crítica deles enquanto viveis.
> POLÓNIO
> Meu senhor, tratá-los-ei de acordo com o que merecem.
> HAMLET
> Pelas chagas de Cristo, homem, tratai-os muito melhor! Se tratais cada homem como merece, qual escapará ao chicote? Tratai-os segundo a vossa própria honra e dignidade. Quanto menos o merecerem, mais mérito haverá na vossa generosidade. Mandai-os entrar.
> POLÓNIO
> Vinde, senhores.
>
> William Shakespeare

*Foyer de Hotel. Sofás confortáveis e de design moderno. Mesa ao canto com acepipes e bebidas. No centro, uma mesa de apoio com brochuras e pastas. Do lado direito, um grande vidro admite uma luz confortável de final de tarde. Ouve-se tocar um telemóvel que é prontamente atendido.*

CATALINA
*(Levanta-se do sofá para tirar o telemóvel do bolso das calças. Enquanto fala não se volta a sentar. Caminha ao acaso submersa pela conversa)*

Sim. Estou no Hotel...Não há problema, já está tudo marcado para o Jantar...Eu levo-os...Vamos a pé. É mais agradável. Vai lá ter...O Hoorbrook também já chegou...

*(Entra Heathcote acompanhada por Slade. Sorriem para Catalina. Heathcote senta-se a olhar pela janela. Slade vai buscar duas bebidas)*

*(Terminado a conversa telefónica)*
Ouve lá, não te preocupes, eles preparam isso na escola, logo à noite falamos...
xau.

*(Sentando-se)*
Então, já descansaram da viagem?

HEATHCOTE
Sim, estou refeita e penso que o Peter também.

SLADE
Estou ótimo... *(Pausa)* Sempre vem muita gente para a conferência?

CATALINA
.... Digo-lhes, superou as nossas expectativas. Acho que... com uns conferencistas desta envergadura...mal não fosse!

HEATHCOTE
Extraordinário. Juntar no mesmo local as pessoas que têm realizado as obras mais
influentes do drama na educação. Por vezes com ideias tão diferentes...uma oportunidade louvável. Estou verdadeiramente feliz. Acho que nos vamos enriquecer
a todos.

CATALINA
Para nós é imprescindível. Às vezes, ao lermos o que escreveram sobre o drama
na educação... parece tudo tão segmentado...como se cada um de vós tivesse
criado algo inconciliável.

SLADE
Está a ver. Assim, connosco aqui... *(Pausa).* Claro que há perspetivas diferentes.
Não vivemos nós em épocas diferentes! No meu tempo fui influenciado pelas
ideias mais revolucionárias da educação, da libertação, da procura do âmago, da
essência do ser e olha que como eu havia muitos outros... e não havia televisão...

HEATHCOTE
Não me venhas com a televisão. A maior parte das coisas servem para quê? Bons
documentários foram os que eu fiz sobre a metodologia de implementação do
drama. Pelo menos esses eram educativos e didáticos.

CATALINA
São ótimos. Acho que todos os professores os deviam ver. Demonstram como se pode trabalhar o drama de uma forma rica e aprofundada. Mas Dorothy, você tem de perceber que tem um jeito especial para esse tipo de trabalho.

HEATHCOTE
Sim claro. Mas os princípios estão lá e acho que todos os podemos usar. É isso que pretendi transmitir: que cada um trabalhe na medida dos seus conhecimentos e capacidades. Não quero que ninguém me imite…mas que a minha metodologia faz sentido, isso faz… E é uma boa ajuda para os professores…

*(Entra Hornbrook)*
Lá vem o drama.

HORNBROOK
*(Rindo-se)*
Dorothy querida, sempre a diva nestas coisas.
*(Cumprimenta Dorothy Heathcote e posteriormente Peter Slade)*

HEATHCOTE
David… junta-te aos bons e serás como eles.

HORNBROOK
Então, como estão? É um prazer estar com vocês. O Brian e o Courtney também já chegaram. Encontrámo-nos no aeroporto. Viemos juntos. Ainda estão nos quartos, mas descem em breve.

SLADE
Estávamos a comentar com a Catalina como é interessante ter nesta conferência, no mesmo espaço, as diferentes perspetivas do drama na educação.

HEATHCOTE
*(Dirigindo-se a Hornbrook)*
E eu que pensava que não vinhas! Afinal estava errada…Tu és essencial nesta discussão. Não é que tenha de concordar contigo. Afinal, tantas críticas, tanto azedume… continuo sem perceber porque queres transformar o ensino do drama…na educação das aparências…

SLADE
Já reparaste que todos nós defendemos o uso do drama no desenvolvimento. Não fará parte da essência do processo a libertação da criatividade, ou mesmo, como

diz Dorothy, a descoberta do nosso mundo interno pela intersecção com o drama interno dos outros?

HORNBROOK
Não diria tanto. Aliás, vocês sabem que o que me preocupa é o estado a que as coisas chegaram. A aprendizagem do drama não tem necessariamente a ver com a aprendizagem através do drama. Isso é o que verdadeiramente me irrita. Como vocês têm uma visão exclusivamente instrumental da arte! Não veem o que se passa nas escolas! Como se pode ser apologista de uma arte e do seu valor educativo sem propor a aprendizagem dos próprios conhecimentos artísticos! E tu Peter, por amor de Deus! Essa da criatividade, sem o domínio da linguagem e das técnicas artísticas, já não pega...

Eu sei que vocês têm um grande valor..., mas também não deixa de ser por vossa causa que as coisas estão como estão. O que tenho observado nas escolas como inspetor é medonho...deviam assumir que contribuíram para este descontentamento, no drama...

HEATHCOTE
Que culpa! Não fizemos o melhor que soubemos? Não deixámos uma metodologia complexa e rica? Será que não nos leem? Será que não entendem o que propusemos?

HORNBROOK
E que reflexos tem isso na prática do drama nas escolas? A tua metodologia é demasiado complexa para poder ser aplicada na realidade escolar. Além disso, achas que está em conformidade com as atuais tendências do ensino das artes? Onde está a produção e a aprendizagem técnica na tua metodologia? Onde está a educação de um público crítico e o acesso às obras dramáticas de valor universal?

HEATHCOTE
Meu querido. Falas tu de valor universal! Isso foi o meu principal objetivo; a descoberta da essência dos paradoxos humanos. Têm de ser as crianças a descobrirem por elas próprias. O professor aqui é um instigador, um manipulador dos processos dramáticos, provocador da reflexão, orientador dos trabalhos para a descoberta...

SLADE
Não tinha pensado nisso dessa forma. Mas admito que tu foste um avanço, Dorothy.

HORNBROOK
Sim, claro que foi. Mas o que lhe faltou foi colocar a aprendizagem da arte dramática no centro das suas preocupações e não a aprendizagem interdisciplinar ou...

*(Entram Brian Way e Richard Courtney. Peter Slade levanta-se e abraça efusivamente Brian Way)*

SLADE
*Long time no see.*

*(Cumprimentam-se todos efusivamente. Ouvem-se as suas vozes ao fundo cada vez mais no limiar. Catalina levanta-se e dirige-se absorta para a zona das bebidas)*


VOZ OFF
Estão satisfeitos. Ótimo. Espero que corra tudo bem...foi boa ideia termos estruturado as salas por temas. Assim podem explanar individualmente as suas razões, ouvirem-se atentamente uns aos outros e só no final da conferência discutirem e criarem sínteses. Espero que os moderadores estejam à altura...Para nós, professores, é essencial esta discussão...Que sorte tem o público em ter estas pessoas presentes...Para mim é também uma ótima oportunidade de me enriquecer...As ideias...

*(Ouve-se música de fundo indutora de imersão e reflexão. Catalina intercala suavemente algumas palavras, enquanto bebe)*

CATALINA
E se...coisas assim...na escola...compreende-se...calma...*(riso)*

*(Música em Fade-out)*
*(Olhando para o público)*

Amanhã...sala...o *datashow*...telefonar para o técnico...depois...de atas...será que ajudam?
*(Caminha para junto dos conferencistas)*

COURTNEY
Precisava de fazer uma chamada internacional amanhã no local da conferência.

CATALINA
Claro. É só pedir Richard...quando quiser...

COURTNEY
Ok.

SLADE
*(Olhando para os papéis)*
Eu sou na sala 5, às 14,30. Estará lá um retroprojetor como pedi?

CATALINA
Sim. Claro que estará.
Se... entretanto... precisarem de mais alguma coisa?

HORNBROOK
Eu já tinha enviado as minhas necessidades logísticas por correio eletrónico.

CATALINA
Sim, está tudo organizado.

WAY
Peter, já viste? Estamos aqui todos com a querida Dorothy. (Para Dorothy) Ainda não tive oportunidade de trocar impressões contigo sobre o excelente trabalho que tens realizado. Sei que tens um arquivo fabuloso no Instituto de Educação da Universidade de Manchester. Uma grande riqueza para os estudantes...

COURTNEY
Felizmente eu também tenho um arquivo na Universidade de York no Canadá. Foi um trabalho meritório, financiado pelo governo. Nunca imaginei que tivesse produzido tanto material sobre a importância do drama no desenvolvimento e na educação. Fui influenciado pelo Peter e pelo Brian. Vocês foram realmente os pioneiros. Em grande parte, o que fiz, foi aprofundar as vossas ideias, intercalando-as com autores de diversas disciplinas, principalmente da psicologia, e olhem ao que isso me levou! No fundo, acho que, de todos os que aqui estão, sou realmente o mais académico...

WAY
Modéstia à parte. Embora não tenha escrito muito, nem eu nem o Peter ... admito mesmo que possamos ser considerados pouco sofisticados por alguns... a minha obra é de leitura obrigatória para se poder entender a força desenvolvimental do drama.

CORTNEY
Sim, sem dúvida. Acho que devo em grande parte à tua obra o impulso inicial do meu trabalho.

WAY
E eu ao Peter.

HEATHCOTE
Eu trabalhei na formação de professores. Mas sinceramente nunca fui lá muito académica. Acima de tudo, considero-me uma atriz. Uma atriz que procura transmitir a arte do ensino aos professores em formação. Mas académica?!...O academismo pode empobrecer a riqueza emancipadora do drama. A linguagem do drama é poética...

HORNBROOK
Por essas e por outras é que ainda não conseguimos criar uma identidade e uma linguagem unificadora para o drama. Achas que essa visão tão idiossincrática tem ajudado a emancipar e a dar força a uma disciplina que necessita de ser compreendida pelos professores? Sei que és uma mulher da prática. Esse mérito ninguém te tira. Agora, o tipo de linguagem tão... tão pessoal que usas ... não tem ajudado...

HEATHCOTE
Só assim consigo falar do que faço. E prefiro fazer em vez de escrever.

HORNBROOK
E isso também tem ajudado a manteres esse carisma de artista misteriosa e fascinante! Já viste a adulação que tens?

HEATHCOTE
Não fiz nada por isso.

HORNBROOK
Balelas e enigmas...

HEATHCOTE
Não querido. Arte, magia, prática, muita prática, metodologia e reflexão.

COURTNEY
Olhem, verdadeiramente, o que acho mesmo é que todos os que aqui estão têm muito em comum. As perspetivas e os tempos foram diferentes. Uns mais teóricos, outros mais metodológicos; uns com uma perspetiva mais instrumental e processual, outros, aqui como o amigo David, com preocupações viradas para o ensino

do drama como forma de arte. Contudo, se reparem bem, todos temos em comum a forte convicção de que o drama e o teatro são de uma grande riqueza educativa e cultural. Não será isso, em última análise, o que nos fez elaborar obras de referência nesta área?

CATALINA
É mesmo... Já viram que as vossas obras estão na base das atuais reflexões sobre o drama na educação. Qualquer pessoa que procure ter uma formação abrangente e sólida sobre o assunto terá sempre que passar por elas... Foi em grande parte isso que nos levou a convida-los para esta conferência. Acredito que, numa primeira abordagem, tudo possa parecer inconciliável... Mas a riqueza do drama não será isso mesmo? A sua diversidade e múltiplas potencialidades educativas e metodológicas. O que nos resta agora, a nós próprios, senão procurarmos um posicionamento pessoal perante estas problemáticas e criarmos uma visão bem informada sobre o assunto. Não será isto o que nos permitirá, nos contextos específicos em que nos movemos, com base nas nossas próprias potencialidades e características, implementar um trabalho consistente? Não será o conhecimento e a reflexão sobre as vossas ideias, o que nos permitirá praticarmos o drama na educação com base num corpo de conhecimentos já estabelecido?

HEATHCOTE
Acho que é um bom ponto de vista. Talvez a formação de professores, para poder abordar as verdadeiras potencialidades do drama na educação, tenha necessariamente de fomentar experiências e conhecimentos nas nossas diferentes metodologias e perspetivas. Só deste modo os professores terão acesso à riqueza da multiplicidade do drama na educação, podendo elaborar os seus trabalhos de um modo consistente e reflexivo.

CATALINA
(Olhando para o relógio)
A conversa está muito agradável, mas ... receio que se aproxime a hora de jantar...

WAY
(Levantando-se)
Sim é melhor pormo-nos a caminho. O repasto será uma boa inspiração para a conferência de amanhã.

(Saem todos em conversa animada)
FIM

# FECHO

# FECHO

Ao longo deste trabalho fomos impelidos a abordar os principais dilemas que se colocam ao drama na educação e, por isso, levados a reafirmar o nosso posicionamento conciliador com as diferentes perspetivas e modelos. As elaborações epistemológicas que realizámos com base na complexidade e na dramatização permitem-nos concluir que sectarismos e exclusividades, quer digam respeito a uma visão mais progressivista e desenvolvimentista do drama, quer acentuem a sua implementação como disciplina artística, são somente parcelares de um entendimento que se deseja global e integrado. Temos de esclarecer que o pensamento abrangente e complexo sobre o drama na educação jamais deve ser entendido como amorfo ou incondicional. Ele tem necessariamente de privilegiar algumas prerrogativas em detrimento doutras. Neste domínio, ser-se tolerante com a diversidade de modelos e metodologias não significa aceitar tudo como benéfico e viável. Demonstra sim, capacidade de refletir criticamente sobre a relatividade dos valores e das opções pedagógicas. Tal como tivemos oportunidade de afirmar, embora uma abordagem mais superficial da disciplina possa induzir o entendimento de que os diversos autores de referência são marcadamente antagónicos e inconciliáveis, todos eles veiculam importantes teorias e metodologias para a atual compreensão do corpo epistemológico da disciplina. Peter Slade, Brian Way, Richard Courtney, Dorothy Heathcote e David Hoornbrook não podem deixar de ser incorporados no atual entendimento do drama na educação.

O conhecimento do corpo teórico e metodológico do drama na educação é imprescindível para quem pretende exercer funções de docência nesta área. Não faz grande sentido um artista, professor ou técnico afirmar que utiliza o drama de forma fundamentada e refletida se estiver alheado dos seus principais autores e teorias. É determinante que os profissionais envolvidos com o drama em contexto educativo possuam um contacto reflexivo com os principais autores. Este contacto – que necessita de ser tanto teórico como prático – deverá englobar, não só aspetos intramodelares, mas também os processos integradores e articuladores das diversas perspetivas.

O debate clássico entre o processo e o produto, ou seja, se a aprendizagem fomentada pelo drama deve centrar-se na valorização de conceitos psicológicos internos ou, em vez disso, nas manifestações externas do comportamento, continuará, certamente, a ser fonte de debate. Ainda assim, o que abordámos neste livro impele-nos a afirmar que ambos os caminhos têm de ser reconhecidos quer como individualizados quer como relacionados e interdependentes, isto é, como componentes essenciais de um todo.

O campo epistemológico do drama na educação não deixa também de perspetivar o uso das convenções dramáticas como essencial para o enriquecimento das práticas escolares, oferecendo-lhes simultaneamente um sentido estético e pedagógico. Arriscamos mesmo a sugerir que o uso das convenções se prenuncia como uma boa interface metodológica entre o drama como processo e o drama como arte, encarando-os como complementares e não como opostos inconciliáveis. Tendo em conta a sua importância e abrangência, a temática das convenções revela potencial para ser alvo de futura indagação por parte do leitor mais interessado.

As reflexões realizadas ao longo deste livro levam-nos a assumir que só um posicionamento documentado e crítico sobre o drama na educação poderá ajudar a ultrapassar o fosso que existe entre o currículo prescrito, supostamente rico e fundamentado, e o que realmente se passa nas escolas. *O Currículo Nacional do Ensino*

*Básico: Competências Essenciais* assume que a Expressão Dramática/Teatro deve ser implementada nas escolas de modo a desenvolver um conjunto de competências que abrangem, por exemplo, o relacionamento interpessoal, a construção de personagens e a compreensão da diversidade do teatro[208]. Como podemos facilmente compreender, o desenvolvimento destas competências implica continuidade e planeamento pedagógico. Acreditamos que a sistematização empreendida ao longo deste livro evidencia a riqueza do drama no desenvolvimento e na aprendizagem, e que desperdiçar o seu manancial teórico deverá ser encarado, acima de tudo, como um desapreço educativo.

O currículo prescrito, como referência epistemológica estática e exclusiva, deve ser olhado de uma forma crítica; visto que, em educação, o que é prescrito tende a manifestar mais ausências e imposições do que possibilidades criativas e emancipadoras. Devemos notar que a educação artística não pretende que o desenvolvimento curricular ocorra no vazio nem arroga a inexistência de referenciais teóricos e práticos; assume-os sim numa abordagem necessariamente criativa e complexa. Deste modo, o pensamento artístico-pedagógico tem de possuir a capacidade de admitir, simultaneamente, a totalidade e a particularidade, a repetição e a inovação, o categórico e o contraditório. A abordagem que realizámos neste livro caminha no mesmo sentido. Para além de salientar as âncoras externas do conhecimento, procura fomentar os processos que permitem induzir a individualidade e a reflexão pedagógica. Esta perspetiva não deixa de tocar o acaso e a arte como eventuais recursos pedagógicos, numa inter-relação constante entre todas as conexões promissoras.

Quem se movimenta no âmbito das artes sabe que a criação artística acaba sempre por nos instigar a ultrapassar o que previamente sentíamos, conhecíamos e pensávamos. De forma análoga, este livro não pretende fomentar significados derradeiros e objetivos. As dramatizações que aqui criámos ajudaram-nos a superar o inequívoco e a criar novos espaços para a renovação do pensamento. Sabemos que muita da linguagem educativa a que temos vindo a ser submetidos ao longo da nossa vida escolar e académica procura sobretudo preencher todas as possibilidades com matrizes pressupostas, dificultando o aparecimento da alternativa. Porém, as metáforas e dramatizações que fomos criando ao longo deste trabalho, mais do que corroborarem as taxonomias do concreto, fizeram-nos rodar o caleidoscópio das possibilidades interpretativas. Este processo, que também foi alimentado pelo acaso, fez surgir conexões que até aí estavam ausentes, conexões essas que renovam a capacidade de nos continuarmos a surpreender, incentivando-nos a manter um relacionamento desafiante entre a arte e a escrita pedagógica.

Ao longo da nossa vida, o encantamento com o drama tem-nos levado a vivenciar a riqueza da educação artística, fazendo-nos incorporar os textos, os gestos, as palavras e os sons que, na multiplicidade das suas combinações possíveis, fazem ecoar - em nós próprios e nos outros - os caminhos da aprendizagem e do desenvolvimento. Sabemos que é em cena que a magia do drama se encontra e que as suas consequências mais benéficas nascem nos palcos; que também podem ser salas de aula. É aí mesmo, na dinâmica concreta da edificação do ser humano, que os escritos aqui propostos poderão efetivamente alcançar a riqueza dos múltiplos sentidos, tornando, ainda mais presente, as potenciais conexões entre a educação e a vivência artística.

# Índice Remissivo

# NOTAS

[1] Kitson, N., Spiby, I. (1997). *Drama 7-11: Developing Primary Teaching Skills.* London: Routledge; Fleming, M. (2003). *Starting Drama Teaching* (2ª ed.). London: David Fulton; Walkinshaw, A. (2004). *Integrating Drama with Primary and Junior Education: The Ongoing Debate.* New York: The Edwin Mellen Press.

[2] Baldry, H. (1971). *Ancient Culture and Society: the Greek Tragic Theatre.* London: Chatto & Windus; Solmer, A. (2003). *Manual de Teatro.* Lisboa: Temas e Debates.

[3] Willis, P. (1990) *Common Culture: Symbolic Work at Play in the Everyday Cultures of the Young.* Milton Keynes: Open University Press, (p.49).

[4] Landy, R. (1982). *Handbook of Educational Drama and Theatre.* London: Greenwood Press.

[5] Hornbrook, D. (1991). *Education in Drama: Casting the Dramatic Curriculum.* London: Falmer Press; O`Toole, J. (1992). *The Process of Drama: Negotiating Art and Meaning.* London: Routledge.

[6] Adaptado de Hogdson, J. (1972). *The uses of drama: Acting as a social and educational force.* London: Methuen, (p. 9).

[7] Esslin, M. (1987). *The Field of Drama: How the Signs of Drama Create Meanings on Stage and Screen.* London: Methuen (p. 36).

[8] Hornbrook, D. (1998a). Drama and Education. In D. Hornbrook, *On the Subject of Drama.* London: Routledge, (p. 6).

[9] Piaget, J. (1962). *Play, Dreams and Imitation in Childhood.* New York: Norton.

[10] Freud, S. (1961). *Beyond the Pleasure Principle.* New York: Norton.

[11] McCaslin, N. (1984). *Creative drama in the classroom.* New York: Longman; Landy, R. (1982). *(op. cit.).*

[12] McCaslin, N. (1984). *(op. cit.).*

[13] Ribeiro, D. (2005). Movimento e Drama Criativo na Animação de Grupos: Cinco Questões para uma Prática Fundamentada. *Animarte.* Ano XIII, nº 55, pp. I-VIII.

[14] *e.g.* Wiertsema, H. (1993). *100 Jogos de Movimento.* Porto: Edições Asa; Jennings, S. (1986). *Creative Drama in Group Work.* London: Winslow Press.

[15] Watkins, B. (1983). Drama as Game. In John Norman (Edit.) *Issues in Educational Drama.* London: Farmer Press, (p. 37); Huizinga, J. (1992) *Homo Ludens: O Jogo como Elemento da Cultura.* São Paulo: Perspectiva. (Originalmente publicado em 1938); Caillois, R. (1990) *Os Jogos e os Homens: A Máscara e a Vertigem.* Lisboa: Cotovia.

[16] Watkins, B. (1983). *(op. cit.),* (p. 36).

[17] Fleming, M. (2003). *(op. cit.)*.

[18] Ribeiro, D. (2005). *(op. cit.)*.

[19] Winston, J., Tandy, M. (2001). *Beginning Drama 4-11* (2ª ed.). London: David Fulton.

[20] O termo exercício tem também sido usado para referir as atividades de preparação dos alunos para o drama, normalmente as atividades mais simples do início das aulas que não revelam a complexidade dos jogos de tensão psicológica e dramática desencadeadores do drama propriamente dito. (e.g. Poulter, C. (1996) *Jugar al Juego*. Cuidad Real: ñaque Editora.)

[21] Courtney, R. (1974). *Play, Drama and Thought: The Intelectual Background to Drama in Education.* New York: Drama Book Specialists; Landy, R. (1982). *(op. cit.);* Walkinshaw, A. (2004). *(op. cit.)*.

[22] O termo progressivismo não tem sido usado em Portugal, podendo, no entanto, encontrar-se com alguma frequência na literatura especializada de origem brasileira. De uma forma geral, a palavra progressivismo é empregue para referir a filosofia e metodologia educativa idealizadas por John Dewey (1859-1952) que pretendia centrar todo o ensino nos interesses dos estudantes e na interdisciplinaridade. No drama na educação, o termo progressivismo tem sido frequentemente usado para designar, de forma crítica e mesmo depreciativa, as correntes que perspetivam o drama exclusivamente como autoexpressão e como indutor do desenvolvimento psicológico, menosprezando a aprendizagem das técnicas e dos saberes específicos do teatro como forma de arte.

[23] McCaslin, N. (1984). *(op. cit.)*.

[24] Landy, R. (1982). *(op. cit.); Bolton, G. (1989) Drama. In D. Hargreaves, Children and the Arts. Stratford: Open University Press.*

[25] Way, B. (1967). *Development Through Drama.* London: Longman; McCaslin, N. (1984). *(op. cit.);* O`Toole, J. (1992). *(op. cit.)*.

[26] McCaslin, N. (1984). *(op. cit.)*.

[27] Somers, J. (1994). *Drama in the Curriculum.* London: Cassell; Kitson, N., Spiby, I. (1997). *(op. cit.);* Morris, D. (Winter de 1998). Forging the New Agenda for Drama Theory: The Forgotten Art-Makers. *Drama Magazine*, 17-21; Fleming, M. (1999). Progression and Continuity in the Teaching of Drama. *Drama Magazine*, Winter, 1999, pp. 12-18; *Walkinshaw, A. (2004). (op. cit.)*.

[28] Landy, R. (1982). *(op. cit.)*.

[29] *Ibid.*

[30] Fleming, M. (1999). *(op. cit.)*. (p.14).

[31] Kitson, N., Spiby, I. (1997). *(op. cit.)*; O`Toole, J. (1992). *(op. cit.)*; Pateman, T. *(1991)*. *Key Concepts: A Guide to Aesthetics, Criticism and the Arts in Education. London: Falmer Press.*

[32] Landy, R. (1982). *(op. cit.)*.

[33] Fleming, M. (1999). *(op. cit.)*.

[34] Hornbrook, D. (1991). *(op. cit.)*.

[35] Kitson, N., Spiby, I. (1997). *(op. cit.)*.

[36] A temática das convenções será abordada mais à frente neste trabalho.

[37] Adaptado de Fleming, M. (2003). *(op. cit.)*. (p.18).

[38] Schonmann, S. (2005). Master" versus "Servant": Contradictions in Drama and Theatre Education. *The Journal of Aesthetic Education.* Vol. 39, Nº. 4, 31-39.

[39] Walkinshaw, A. (2004). *(op. cit.)*. (p. 184).

[40] Courtney, R. (1980). *The Dramatic Curriculum.* New York: Drama Book Specialists.

[41] Hornbrook, D. (1991). *(op. cit.)*.

[42] Millar, S. (1977). *The Psychology of Play.* Harmondsworth, Middlesex : Pelican

[43] Hornbrook, D. (1998c). *Education and Dramatic Art* (2ª ed.). London: Routledge.

[44] Laban, R. (1950). Movement, Dance and Dramatic Expression. In John Hodgson (1972) *The Uses of Drama: Acting as a Social and Educacional Force.* Trowbridge: Methuen.

[45] Read, H. (1982). *A Educação pela Arte.* Lisboa: Edições 70.

[46] Abbs, P. (1987). *Living Powers: The Arts in Education.* London: Falmer Press.

[47] De Magalhães, M., Gomes, A. (1964). *A Criança e o Teatro.* Lisboa: Direcção Geral do Ensino Primário.

[48] Ribeiro, D. (2005). (op. cit.).

[49] Slade, P. (1954). *Child Drama.* London: University of London Press. (p. 105).

[50] *Ibid.* (p. 19).

[51] *Ibid.*; Slade, P. (1978). *O Jogo Dramático Infantil.* São Paulo: Summus.

[52] Slade, P. (1983). E*xpressión Dramatica Infantil.* Madrid: Santillana. (p. 17).

[53] Slade, P. (1954). *(op. cit.)*.

[54] Slade, P. (1954). *(op. cit.)*; Slade, P. (1978). *(op. cit.)*; Slade, P. (1995). *Child Play: Its Importance for Human Development. London: Jessica Kingsley.*

[55] Slade, P. (1983). *(op. cit.)*. (p. 46).

[56] Adaptado de *Ibid.* (p. 168).

[57] Slade, P. (1954). *(op. cit.)*; Slade, P. (1995). *(op. cit.)*.

[58] *Ibid.*

[59] Way, B. (1967). *(op. cit.).*(p. 10).

[60] *Ibid.* (p. 3).

[61] *Ibid.* (pp. 11-15).

[62] Adaptado de *Ibid.* (p. 13).

[63] *Ibid.* (p. 158).

[64] *Ibid.* (p. 176).

[65] *Ibid.*

[66] *Ibid.* (pp. 175-176).

[67] *Ibid.*

[68] Ibid. (p. 6).

[69] *Ibid.* (p. 176).

[70] *Ibid.*

[71] *Ibid.* (p. 220).

[72] *Ibid.*

[73] *Ibid.* (p. 266).

[74] Courtney, R. (1974). *(op. cit.).*

[75] Courtney, R. (1990). *Drama and Intelligence: A Cognitive Theory.* Montreal: McGill-Queen′s University Press. (prefácio).

[76] Adaptado de *Ibid.*

[77] Devemos apontar que a perspetivação do drama como processo de desenvolvimento e instrumento de aprendizagem apresenta-se atualmente como a mais prevalente na literatura sobre o drama na educação. Por seu lado, o termo drama processual (*process drama*) tem sido adotado por diversos autores para designar uma disciplina específica, emancipada da literacia teatral, que diz respeito à promoção do desenvolvimento e da aprendizagem em contexto pedagógico [e.g. Fleming, M. (2003). *(op. cit.)*].

[78] Courtney, R. (1995). *(op. cit.).* (p. 5).

[79] Courtney, R. (1980). *The Dramatic Curriculum.* New York: Drama Book Specialists. (prefácio).

[80] Courtney, R. (1995). *(op. cit.).* (p. 3).

[81] Courtney, R. (1990). *(op. cit.).*

[82] *Ibid.* (p. 18).

[83] *Ibid.* (p. 11).

[84] *Ibid.* (prefácio).

[85] Courtney, R. (1990). *(op. cit.).* (p. 21).

[86] *Ibid.* (p. 14).

[87] Courtney, R. (1980). *(op. cit.).*

[88] Bolton, G. (1989) Drama. In D. Hargreaves, *Children and the Arts.* Stratford: Open University Press. (p. 122).

[89] Courtney, R. (1980). *(op. cit.).* (pp. 47-60).

[90] *Ibid.*

[91] Courtney, R. (1995). *(op. cit.).*

[92] Adaptado de *Ibid.* (p. 14).

[93] Courtney, R. (1990). *(op. cit.);* Courtney, R. (1995). *(op. cit.).*

[94] Courtney, R. (1995). *(op. cit.).*

[95] *Ibid.* (p. 19).

[96] Courtney, R. (1990). *(op. cit.).* (p. 138).

[97] *Ibid.*

[98] *Ibid.*

[99] *Ibid.*

[100] Courtney, R. (1995). *(op. cit.).* (p. 142).

[101] *Ibid.*

[102] Courtney, R. (1990). *(op. cit.).* (p. 144).

[103] Courtney, R. (1990). *(op. cit.);* Courtney, R. (1995). *(op. cit.).*

[104] Courtney, R. (1990). *(op. cit.).* (p. 144).

[105] *Ibid.*

[106] *Ibid.* (p. 34).

[107] *Ibid.* (pp. 144-145).

[108] Hornbrook, D. (1991). *(op. cit.).*

[109] Tendo em conta a década referida (anos 70), falamos obviamente das escolas anglófonas, neste caso, das escolas inglesas, para sermos mais precisos.

[110] Hornbrook, D. (1991). *(op. cit.).*

[111] Heathcote, D. (1971). Drama and Education: Subject or System? In N. Dood, & W. Hickson, *(1984) Drama and Theatre in Education.* London: Heinemann; Heathcote, D. (1973) Drama as Challenge. In Liz Johnson, Cecily O`Neill (Edit.) (1984) *Dorothy Heathcote: Collected Writings on Education and Drama.* London: Hutchinson; Heathcote, D. (1976). Drama as a Process for Change. In L. Johnson, & C. O`Neill, *(1984) Dorothy Heathcote: Collected Writings on Education and Drama.* London: Hutchinson.

[112] Hornbrook, D. (1998c). *Education and Dramatic Art* (2ª ed.). London: Routledge.

[113] Wagner, B. (1979). *Dorothy Heathcote: Drama as a Learning Medium.* London: Hutchinson & Co.

[114] Heston, S (s.d.) *The Dorothy Heathcote Archive.* Consultado em 18 de Novembro de 2015, em Manchester Metropolitan University, http://www.did.stu.mmu.ac.uk/dha/

[115] Johnson, L., O`Neill C. (1984). *Dorothy Heathcote: Collected Writings on Education and Drama.* London: Hutchinson.

[116] Heathcote, D., Bolton, G. (1995). *Drama for Learning: Dorothy Heathcote`s Mantle of the Expert Approach to Education.* Portsmouth: Heinemann.

[117] Wagner, B. (1976). *Dorothy Heathcote.* Portland. Calendar Islands Publishers. (p.73),

[118] Heston, S (s.d.). *(op. cit.).*

[119] Wagner, B. (1976). *(op. cit.).* (p. 129).

[120] *Ibid.*

[121] Coleridge[121] [s.d. cit. por Courtney, R. (1990). *(op. cit.).* (p. 144)].

[122] Wagner, B. (1976). *(op. cit.).* (p. 96).

[123] Wagner, B. (1979). *(op. cit.);* Muir, A. (1997). Bertolt Brecht and Dorothy Heathcote: New Beginnigs. In D. Davis, *Interactive Research in Drama in Education.* Stoke on Trent: Trentham Books.

[124] Wagner, B. (1979). *(op. cit.).* (p. 51).

[125] *Ibid.*

[126] *Ibid.* (p. 52).

[127] *Ibid.*

[128] *Ibid.* (p. 53).

[129] *Ibid.*

[130] Walkinshaw, A. (2004). *(op. cit.).*

[131] Wagner, B. (1979). *(op. cit.).*

[132] Hornbrook, D. (1998c). *(op. cit.).*

[133] *Ibid.* (p. 20).

[134] *Ibid.*

[135] Hornbrook, D. (1991). *(op. cit.).*

[136] Neelands, J. (1998) *Beginning Drama 11-14.* London: David Fulton Publishers; Taylor, P. (1996) Introduction: Rebellion, Reflective Turning and Arts Education Research. In P. Taylor, *Researching Drama and The Arts Education: Paradigms and Possibilities.* London: Falmer Press.

[137] Hornbrook, D. (1991). *(op. cit.).*

[138] *Ibid.* (p. 38).

[139] Hornbrook, D. (1998b). Crafting Dramas. In D. Hornbrook, *On the Subject of Drama.* London: Routledge.

[140] *Ibid.* (p. 13).

[141] *Ibid.* (p. 50).

[142] *Ibid.*

[143] *Ibid.* (p. 49).

[144] *Ibid.*

[145] *Ibid.*

[146] *Ibid.* (p. 50).

[147] Adaptado de Hornbrook, D. (1991). *(op. cit.).* (p. 5).

[148] Hornbrook, D. (1998b). *(op. cit.).*

[149] *Ibid.* (p. 52).

[150] Hornbrook, D. (1998a). *(op. cit.).* (p. 13).

[151] Hornbrook, D. (1991). *(op. cit.).*

[152] *Ibid.* (pp. 50-57).

[153] *Ibid.*

[154] *Ibid.* (p. 58).

[155] *Ibid.* (p. 59).

[156] Hornbrook, D. (1998b). *(op. cit.).* (p. 56).

[157] Adaptado de Hornbrook, D. (1991). *(op. cit.).* (p. 5).

[158] *Ibid.*

[159] *Ibid.* (p. 96).

[160] *Ibid.*

[161] Pavis, P. (1996). *Dicionário de teatro.* São Paulo: Perspectiva. (p. 71).

[162] e.g. Heathcote, D. (1971). *(op. cit.);* Hornbrook, D. (1991). *(op. cit.);* Fleming, M. (2003). *(op. cit.).*

[163] Fo, D. (1999). *Manual mínimo do ator* (2nd ed.). São Paulo: Senac.

[164] Barba, E., Savarese, N. (1991). *A Dictionary of Theatre Anthropology: The Secret Art of the Performer.* London: Routledge.

[165] Pavis, P. (1996). *(op. cit.).*

[166] Fleming, M. (2003). *(op. cit.).*

[167] *Ibid.*

[168] Neelands, J. (1984). *Making Sense of Drama : A Guide to Classroom Practice.* Oxford: Heineman; Neelands, J., Goode, T. (2000). *Structuring Drama Work  a handbook of available forms in theatre and drama* (2ª ed.). Cambridge: Cambridge University Press.

[169] Neelands, J., Goode, T. (2000). *(op. cit.).* (pp. 3-8).

[170] Adaptado de *Ibid.* Tendo em conta que as convenções estão amplamente descritas na bibliografia especializada, não as iremos abordar de forma extensiva, remetendo o leitor para a consulta das obras de Neelands, J., Goode, T. (2000). *(op. cit.);* Winston, J., Tandy, M. (2001). *(op. cit.)* e Fleming, M. (2003). *(op. cit.).*

[171] Neelands, J., Goode, T. (2000). *(op. cit.).*

[172] *Ibid.* (p. 8).

[173] Milgral, P., Kishino, F. (1994) A Taxonomy of Mixed Reality Displays. *IEICE Transactions on Information Systems.* Vol. E77-D, N. 12, December, 1994.

[174] Assunto amplamente explorado por nós em trabalhos prévios; e.g. Ribeiro, D. (2005). *(op. cit.)*.

[175] Neelands, J., Goode, T. (2000). *(op. cit.)*.

[176] Fleming, M. (2003). *(op. cit.);* Walkinshaw, A. (2004). *(op. cit.)*.

[177] Kuhn, T. (2006). *La estructura de las revoluciones revoluciones cientificas.* Madrid: Fondo de Cultura Economica de España.

[178] e.g. Wilks, B. (1975). Disciples in Need of a Discipline. In J. Hodgson, & M. Banham, *Drama in Education 3: The Annual Survey.* London: Pitman Publishing; Morris, D. (1998). Forging the New Agenda for Drama Theory: The Forgotten Art-Makers. *Drama Magazine* , 17-21; Fleming, M. (2003). *(op. cit.);* Walkinshaw, A. (2004). *(op. cit.)*.

[179] O`Toole, J. (1992). *(op. cit.)*.; O`Connor, P. (2003). *Reflection and Refraction: The Dimpled Mirror of Process Drama: How Process Drama Assists People to Reflect on Their Attitudes and Behaviours Associated with Mental Illness.* Obtido em 12 de 2 de 2009, de Tese de Doutoramento. Faculty of Education. Griffith University: http://www4.gu.edu.au; Bowell, P., Heap, B. (2001). *Planning Process Drama.* London: David Fulton.

[180] Slade, P. (1954). *(op. cit.)*.

[181] Bailin, S. (1996). Philosophical Research in Drama Education: the case of creativity. *Research in Drama Education* , *Vol.1, N.1*, 79-86; Bailin, S. (1998). Creativity in context. In D. Hornbrook, *On the Subject of Drama.* London: Routledge.

[182] Fleming, M. (2003). *(op. cit.);* Walkinshaw, A. (2004). *(op. cit.)*.

[183] Fleming, M. (2003). *(op. cit.)*. (p. 144).

[184] *Ibid.* (p. 143).

[185] Walkinshaw, A. (2004). *(op. cit.)*.

[186] *Ibid.* (p. 184).

[187] *Ibid.* (pp. 149-184).

[188] Adaptado de Fleming, M. (2003). *(op. cit.)*. (p. 30).

[189] e.g. Winston, J. (1998). *Drama, Narrative and Moral Education London: Falmer Press.* London: Falmer Press; Johnson, C. (2002). Drama and Metacognition. *Early Child Development and Care* , *Vol. 172*, 595-602; Malm, B., Löfgren, H. (2007). Empowering students to handle conflicts through the use of drama. *Sweden Journal of Peace Education* , Vol. 4, Nº 1, 1-20.

[190] e.g. Byron, K. (1986). *Drama in the English Classroom.* London: Methuen; Goalen, P. (1996). Educational drama and children's historical writing: process and product. *The Curriculum Journal* , Vol. 7, N. 1, 75-91; Cremin, T., et al. (2006). Connecting drama and writing: seizing the moment to write. *Research in Drama Education,* Vol.11, N. 3, 273-291.

[191] e.g. Bloomfield, A., Childs, J. (2000). *Teaching Integrated Arts in the Primary School: Dance, Drama, Music and the Visual Arts.* London: David Fulton Publishers; Wilkinson, J. (2000). Literacy, Education and Arts Partnership: a community-system programme integrating the arts across the curriculum. *Research in Drama Education*, Vol. 5, N. 2, 175-197.

[192] Hornbrook, D. (1998c). *(op. cit.).* (p. x).

[193] Abbs, P. (1987). *(op. cit.);* Abbs, P. (1989). *A is For Aesthetic: Essays on Creative and Aesthetic Education.* London: Falmer Press.

[194] Taylor, P. (1998). Beyond the Systematic and Rigorous. In J. Saxton, & C. Miller, *Drama and Theatre in Education: The Research of Practice, the Practice of Research.* Victoria: IDEA Publications.

[195] e.g. Abbs, P. (1987). *(op. cit.);* Abbs, P. (1989). *(op. cit.).*

[196] Best, D. (1996). *A Racionalidade do Sentimento: O Papel das Artes na Educação.* Porto: Edições Asa. (p. 119).

[197] *Ibid.* (p. 125).

[198] Smith-Autard, J. (1994). *The Art of Dance in Education.* London: A & C Black.

[199] Fleming, M. (2003). *(op. cit.);* Walkinshaw, A. (2004). *(op. cit.).*

[200] Slade, P. (1954). *(op. cit.);* Way, B. (1967). *(op. cit.).*

[201] e.g. Zannetou-Papacosta, M. (1997). Dorothy Heathcote's Uses of Drama For Education: In Search of a System. In D. Davis, *Interactive Research in Drama in Education.* Stoke on Trent: Trenthamama; Armstrong-Mills, C. (1997). Creative Uncertainty: Energy Surges in the Principles and Practice of Dorothy Heathcote. In D. Davis, *Interactive Research in Drama in education.* Stoke on Trent: Trenthamama.

[202] Barret, G. (1976). *L' Expression Dramatique : Pour une Theorie de la Pratique.* Montreal: Não Publicado.

[203] e.g. Courtney, R. (1974). *(op. cit.);* Courtney, R. (1980). *(op. cit.);* Courtney, R. (1995). *(op. cit.).*

[204] e.g. Slade, P. (1954). *(op. cit.);* Way, B. (1967). *(op. cit.);* Courtney, R. (1995). *(op. cit.);* Heathcote, D. (1971). *(op. cit.);* Heathcote, D. (1976). *(op. cit.);* Hornbrook, D. (1991). *(op. cit.).*

[205] e.g. McCaslin, N. (1984). *(op. cit.);* Neelands, J., Goode, T. (2000). *(op. cit.);* Winston, J., Tandy, M. (2001). *(op. cit.).*

[206] e.g. Jennings, S. (1986). *(op. cit.);* Landier, J., Barret, G. (1994). *Expressão dramática e Teatro.* Porto: Edições Asa; Ackroyd, J., Boulton, J. (2001). *Drama lessons for five to eleven-year-olds.* London: David Fulton.

[207] Dewey [1938 cit. por Eisner, E. (1985). *The Educational Imagination: On thre Design and Evaluation of School Programs* (2ª Edição ed.). New York: Macmillan Publishing Company. (pp. 51-52)] distingue três tipos de ex-

periência: "as educativas, as não-educativas e as deseducativas" (*educational, noneducational e miseducational*). As experiências educativas são as que contribuem para o crescimento individual, isto é, que potencializam a capacidade das pessoas descobrirem significados no que praticam de modo a alcançarem finalidades inerentemente valiosas. Por seu lado, as experiências não-educativas são as que revelam ausência de repercussão significativa nos indivíduos. Incluem-se aqui os hábitos que pontuam a nossa vida, tal como apertar os sapatos ou guiar um carro; experiências que não contribuem nem dificultam o nosso crescimento como pessoas. Por fim, as experiências deseducativas são as que dificultam ou impedem os indivíduos de terem vivências significativas e de cooperarem de forma inteligente e construtiva. Por exemplo, uma experiência em contexto escolar com o teatro pode ser tão desafortunada e desconfortável, que fará com que, futuramente, um estudante passe a evitar esta área artística. Neste caso, o teatro foi deseducativo; em vez de abrir, fechou o indivíduo a novos desafios e desenvolvimentos intelectuais. No fundo, as experiências deseducativas são as que tendem a resultar num profundo sentimento de desconforto e desadequação pessoal. Aceitando a classificação idealizada por Dewey, podemos seguramente afirmar que, no âmbito do drama na educação, tal como em outras disciplinas, as propostas de trabalho com os alunos podem ser educativas, não-educativas e mesmo deseducativas.

[208] Ministério da Educação (2001). *Currículo Nacional do Ensino Básico: Competências Essenciais.* Lisboa: D.E.B.

## Nota sobre o Autor

Delfim Paulo Ribeiro iniciou a formação em Expressão Dramática, em 1986, na Fundação Calouste Gulbenkian (Acarte), onde teve como professores António Sampaio da Nóvoa e Arquimedes Santos. Frequentou o curso de formação de atores da Escola de Movimento Expressivo e Artístico de Lisboa e a Escola de Teatro do Cendrev. Em meados dos anos 80, esteve envolvido na emergência da cultura juvenil urbana da cidade de Lisboa, integrando múltiplos projetos musicais e de Performance Art, nomeadamente os Mellerill de Nembutal e o Grupo de Alta Performance. Um subsídio da Secretaria de Estado da Cultura e uma bolsa de estudo da Comunidade Europeia permitiram-lhe continuar a sua formação nas áreas do drama e do teatro em diversos países europeus, tendo realizado um período de estudo na Dinamarca, com Eugénio Barba, na International School of Theatre Anthropology e, em Inglaterra, no Hertfordshire College of Art and Design, onde, em 1991, obteve o Diploma de Pós-graduação em Dramaterapia. De volta a Portugal, iniciou a sua carreira profissional colaborando em projetos de luta contra a pobreza e em comunidades terapêuticas no âmbito da saúde mental e da toxicodependência. Trabalhou igualmente no ensino especial desenvolvendo programas de intervenção como psicomotricista e arte terapeuta. Por opção de vida, em meados dos anos 90, passou a viver numa aldeia no Interior de Portugal, exercendo funções de docência nos ensinos secundário, profissional e superior. Como docente do ensino superior regeu várias unidades curriculares em cursos de formação de professores e técnicos de saúde, nomeadamente no âmbito da educação artística, psicomotricidade e artes terapias. Uma bolsa de investigação em regime de exclusividade da Fundação para a Ciência e a Tecnologia (FCT) levaram-no a trabalhar como investigador em Espanha, onde concluiu, em 2010, o Doutoramento em Perspetivas Didáticas na Área Curricular do Drama e do Teatro. Delfim Paulo Ribeiro é ainda Mestre em Psicologia Clínica pela Universidade de Coimbra e Licenciado no ramo de Especial e Reabilitação pela Faculdade de Motricidade Humana. O autor foi um dos elementos fundadores da Associação Portuguesa de Psicomotricidade e da European Federation of Dramatherapy. É membro titular da British Association for Dramatherapists, com licença para prática clínica registada na Health & Care Professions Council do Reino Unido. Delfim Paulo Ribeiro mantém especial interesse pela Autoetnografia, Performace Research e Investigação Baseada nas Artes.